互联网时代图书馆学科资源建设
与学科服务模式研究

HULIANWANG SHIDAI TUSHUGUAN XUEKE ZIYUAN JIANSHE
YU XUEKE FUWU MOSHI YANJIU

杨敏 著

中国海洋大学出版社

·青岛·

图书在版编目（CIP）数据

互联网时代图书馆学科资源建设与学科服务模式研究 /
杨敏著 . — 青岛 : 中国海洋大学出版社，2022.9
ISBN 978-7-5670-3279-8

Ⅰ . ①互… Ⅱ . ①杨… Ⅲ . ①院校图书馆—学科建设—
资源建设—研究②院校图书馆—图书馆服务—研究
Ⅳ . ① G258.6

中国版本图书馆 CIP 数据核字（2022）第 173658 号

互联网时代图书馆学科资源建设与学科服务模式研究

出 版 人	刘文菁
出版发行	中国海洋大学出版社有限公司
社　　址	青岛市香港东路 23 号　　　　邮政编码　266071
网　　址	http://pub.ouc.edu.cn
责任编辑	郑雪姣　　　　　　　　　　　电　　话　0532-85901092
电子邮箱	zhengxuejiao@ouc-press.com
图片统筹	河北优盛文化传播有限公司
装帧设计	河北优盛文化传播有限公司
印　　制	三河市华晨印务有限公司
版　　次	2022 年 12 月第 1 版
印　　次	2022 年 12 月第 1 次印刷
成品尺寸	170 mm × 240 mm　　　　　　印　　张　10.25
字　　数	180 千　　　　　　　　　　　印　　数　1 ~ 1000
书　　号	ISBN 978-7-5670-3279-8　　　定　　价　68.00 元
订购电话	0532-82032573（传真）　　18133833353

发现印刷质量问题，请致电 18133833353 进行调换。

前　言

进入互联网时代，各个领域都受到了互联网的影响。各个行业都与互联网紧密相连，在管理和服务上形成了网络化、智能化的形态。图书馆行业也紧跟时代潮流，与互联网有机结合，为社会提供更优质的学科服务和信息资源。

互联网时代给图书馆的发展带来了全新的机遇和挑战，图书馆的建设需要通过自身服务质量的不断提升来获得社会的认可。随着移动技术、网络技术的快速发展，图书馆需要在传统文献信息资源的基础上融入现代化数字技术、网络技术，为全社会提供更为丰富的数字信息资源。同时，图书馆还要做好学科服务工作，服务是图书馆的基本宗旨，其精神实质是"一切为了读者"，让用户对文献信息的需求得到满足。因此，图书馆要借助信息时代的技术，做好对信息资源的发掘，实现传统信息资源和数字信息资源的结合，打造智慧型图书馆，更好地体现创新型学科服务。

本书共分为七章：第一章分析了图书馆服务并介绍了图书馆服务管理的相关内容和原则；第二章详尽地论述了高校图书馆的学科服务和学科服务系统；第三章介绍了互联网时代的学科服务体系；第四章重点分析了图书馆学科资源建设的目标、方法和原则；第五章对互联网时代的高校图书馆的资源服务进行了探讨，包括图书馆门户网站服务、移动图书馆服务、VPN服务、发现系统服务；第六章重点论述了互联网时代的智慧化学科服务体系的内涵、特征、建设的必要性、框架内容；第七章对互联网时代的个性化学科服务的理论基础、主要任务和主要内容展开了论述。本书结构清晰、内容翔实，可以为图书馆学科资源和学科服务建设提供借鉴。

　　本书在撰写过程中借鉴了大量文献的资料，在此对相关文献资料的作者深表谢意。同时，感谢专家、领导和家人的支持与鼓励。由于学识所限，书中难免存在不足之处，敬请广大读者批评指正。

杨敏

2022 年 1 月

CONTENTS
目 录

第一章　图书馆服务

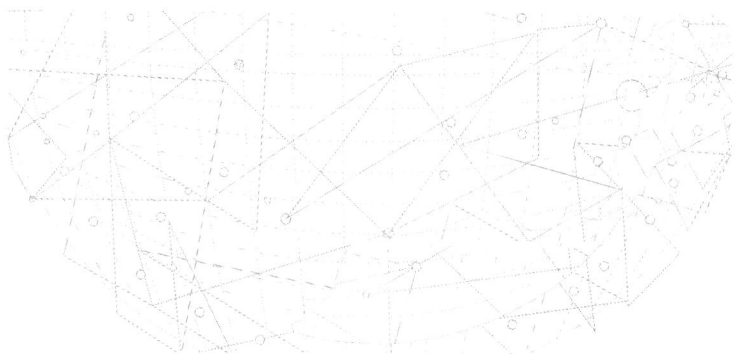

　　图书馆是为人类提供服务的，本章重点探讨了图书馆服务管理的内容、原则等，并对图书馆服务的配置、创新管理等展开论述。

第一节　图书馆服务概述

　　长期以来，图书馆界对图书馆服务进行了各方面的研究和实践，有时把图书馆读者服务混同于图书馆读者工作，对读者工作的研究替代对图书馆服务的研究。我国自改革开放以来，有关图书馆服务的理论研究不断深入，获得了一些研究成果，推动了图书馆服务工作的发展和完善。

一、图书馆服务的内涵

　　图书馆服务是图书馆为了满足社会和用户的文献信息等多方面需求，利用自身的资源，运用多种方法所开展的一系列服务活动。现代图书馆服务具有以下几个结构因素：一是图书馆的服务对象——以读者为主体的各种社会组织和个人组成的用户；二是图书馆资源，也可称为图书馆服务资源，它是图书馆开展服务的基础条件，包括文献信息资源、人力资源、设施资源以及其他一切可以为社会和个人所利用的资源；三是图书馆服务对象的需求，它以文献信息需求为主，包括其他形式的服务需求；四是满足各种社会组织和个人需求的各种服务手段和方式，它是图书馆服务实现的前提条件。这样一个定义，既符合目前图书馆服务工作的实际，又符合图书馆服务功能开放性发展的趋势。

二、图书馆服务的组成要素

　　图书馆服务的组成要素通常有四个，这四个要素相互联系、相互作用，从而保证图书馆各项服务工作不断变革、不断发展，并不断适应读者日益发展的多元化、多层次的信息需求。

（一）服务对象

读者是图书馆服务的主体对象，是文献信息资源的使用者，通常也被称为文献信息用户。读者是一个非常广泛的社会概念。对图书馆来说，读者通常指通过一定方式获得授权，从而具有利用图书馆各种资源的权利的一切社会成员。个人、集体和单位都可以成为图书馆的读者。读者既是图书馆文献信息的利用者，也是图书馆文献信息的接受者，离开了读者对文献信息的利用，图书馆就不会产生读者服务活动。

（二）信息资源

信息资源是服务工作不可缺少的物质和人力条件保障。除软件、硬件、馆员等一般要素外，作为社会特殊行业的图书馆，其服务的根本基础是图书馆拥有的信息资源，它是开展一切读者服务工作的前提条件。图书馆信息资源的内容十分丰富，它是图书馆按照自己的读者群体和服务任务，通过长期建设而形成的巨大的知识宝库。图书馆的信息资源通常具有三个基本特征：一是拥有海量的文献资源，包括传统的印刷型馆藏文献和强大的数据库群；二是拥有的信息资源具有相互支撑、相互关联的科学体系；三是拥有的信息资源通过各种联盟体系与外界资源构成纵横交错的联合保障体系。图书馆之所以能够拥有规模不等、不断成长的读者群体，原因就在于读者群体可以通过图书馆获得从其他社会机构和渠道难以得到的信息资源。因此，图书馆的文献信息资源体系是图书馆履行社会职能，赖以生存和发展的根本条件。

（三）服务体系

图书馆服务体系是指为满足读者特定的需求，所采用的各种服务方式和手段所构成的多层次、多功能服务的有机整体。它是读者服务工作得以实现的基本保障，也是图书馆服务的基本手段。图书馆服务体系的形成既是社会分工发展的产物，也是自身演变的结果。图书馆的服务体系具有相对独立的功能、效果和适用范围，有其产生和发展的历史背景。图书馆服务体系主要包括图书、报刊等文献的外借服务、阅览服务、复制服务、参考咨询服务，以及数字资源的网络信息服务等。随着社会对文献信息资源的广泛应用，图书馆的服务体系也在得到不断提升和丰富。

（四）组织管理

组织管理是图书馆服务工作得以顺利进行的有效保证。图书馆服务的组织管理是指以先进的服务理念为指导，充分应用现代的科学方法和管理技术，对读者服务活动进行科学计划、组织、指挥、协调、控制的过程。图书馆服务的组织管理贯穿于整个服务活动过程，其实质是有效地运用人力、物力、财力等基本因素，对图书馆服务系统的不断发展变化进行有目的、有意义的控制，以达到最大限度满足读者文献信息需求的总体目标。

三、图书馆服务的分类

针对图书馆的职能和读者利用功能，图书馆服务可以分为两大类。

（一）图书馆文献信息服务

图书馆利用文献信息资源直接向用户提供文献和信息的一系列活动，均属于图书馆文献信息服务。对大多数图书馆来说，文献信息服务是图书馆服务的主要内容，如文献外借、阅览、文献检索、数据库访问。在很长时期里，图书馆丰富、独特且经过科学组织的文献信息资源保证了其在提供文献信息服务方面具有自己的优势。进入网络时代后，图书馆文献信息服务增加了新的内容，即利用网络获取不属于本馆馆藏的信息，为用户提供网络文献信息服务。

（二）图书馆非文献信息服务

图书馆非文献信息服务是指依赖于图书馆员、图书馆建筑设备等资源提供的服务，包括由图书馆员向读者提供社会教育服务，以及利用图书馆建筑设备为读者提供娱乐休闲服务等。图书馆拥有训练有素、长期从事信息服务的馆员，这些馆员除为用户提供文献信息外，还能利用自己具备的知识与技能为用户提供社会教育服务。对公共图书馆而言，图书馆场地是市民的公共空间；对机构图书馆而言，图书馆场地是机构所服务对象的共有空间。图书馆管理者可以利用这个空间提供各种服务，用户既可以在这个空间里阅读或学习，也可以利用它进行娱乐与休闲活动。

四、图书馆服务的发展进程

图书馆服务经历了从封闭到开放，从仅提供一次文献服务到提供三次文献服务，从借阅服务到参考服务，从坐等服务到主动推送服务，从信息服务到知识服务，从无偿服务到有偿服务，从按时服务到即时服务，从在馆服务到多馆服务、馆外服务，从在线服务到全球服务的漫长过程。其服务内容与方式大体经历了以下五种形态，并在整体上呈现阶梯函数，其中较高层次的服务都源于较低层次的服务，但呈现出优于较低层次服务的新特征。

（一）文献实体服务

在约公元前 3000 年两河流域的古巴比伦王国的一座寺庙废墟附近，考古人员发现泥版文献被集中在一起，这成为已知最早的图书馆。在近代印刷革命和产业革命之前，无论是西方的尼尼微档案图书馆、亚历山大图书馆、欧洲中世纪的寺院图书馆，还是中国殷商时期的甲骨"窖"藏、周代的守藏室、隋唐的书院，在整体上都表现出对社会的封闭性，由此便决定了古代图书馆以文献实体服务为特色的服务内容与方式。

（二）书目信息服务

书目的根本特点在于它组织的不是信息资料本身，而仅仅是关于它们的信息。人们从文献实体中分离出关于文献的信息，并为化解文献与需求者之间的矛盾以达到统一而记录和组织这些文献信息的活动，是一切书目活动历史和逻辑的出发点。

在我国，由于纸质载体和印刷技术的发明，古代文献卷帙浩繁，书目信息工作由来已久。在西方，书目信息服务大体上与近代图书馆的发展同步进行。西方近代图书馆起源于文艺复兴和宗教改革时期，欧洲进入资本主义社会后，大机器的生产需要有文化的工人，教育开始普及平民，文献生产能力大大提高，从而使一些图书馆对外开放。19 世纪中期，以英、法等国为代表的工业革命基本完成，科技革命迅速发展，以英国的《哲学汇刊》（1665）、德国的《药学总览》（1830）、美国的《工程索引》（1884）等为代表的科技书刊和文献索引纷纷出现。西方的目录学正是在这样的经济、科技的基础上获得了快速发展。以1895年世界性的目录学组织"国际目录学会"的成立为标志，世界目录学实现了从传统目录学向现代目录学的转变。

与此同时，除传统的文献实体服务外，各种书目信息工作、服务和管理在图书馆中开始活跃起来，尤其是分类目录、卡片目录、各种二次文献信息产品的开发，新到书刊目录报道、推荐书目服务，以及相关的书目控制、书目情报系统建设等逐步成为图书馆活动和服务的中心工作。

（三）参考咨询服务

参考咨询服务是指图书馆员利用文献对用户寻求知识、信息方面提供帮助的活动。它以协助检索、解答咨询、专题文献报道等方式向读者提供事实、数据和文献检索。参考咨询服务更加强调图书馆的情报职能，更为注重用户文献的信息需求，它将书目信息服务提升为不仅为用户提供书目工具，还为用户解决实际问题。

1976年，美国麻州沃斯特公共图书馆馆长塞缪尔·格林（Samuel. Green）在向美国图书馆协会第一次大会提交的《图书馆员与读者之间的个人关系》一文中提出，图书馆对要求获取情报资料的读者应给予个别帮助。此文被视为关于图书馆开展参考咨询服务的最早倡议。1891年，图书馆学文献中出现了"参考工作"这一术语，此后参考咨询服务理论逐渐被图书馆界接受和应用。20世纪初，多数大型图书馆成立了参考咨询部门，参考咨询服务逐渐成为图书馆服务中的一项重要内容。随着文献信息数量的剧增和用户需求的增长，早期的利用图书馆、书目解答问题等服务内容逐渐发展成从多种文献信息源中查找、分析、评价和重新组织情报资料。到20世纪40年代，图书馆又进一步开展了回答事实性咨询，编制书目、文摘，进行专题文献检索，提供文献代译和综述等服务项目。

（四）信息检索服务

20 世纪中后期，西方工业国家的科技发展使信息处理问题凸显出来，尤其是以西方发达国家为主的一些国家积累了大量需要处理和利用的科技文献资料、科研成果。随着计算机大的问世以及新学科的不断诞生，一些图书馆开始利用计算机和现代通信技术建成各种文献数据库、数值数据库和事实数据库，并逐步实现了联机检索。另外，参考咨询工作的流程，即接受咨询、进行查询、提供答案、建立咨询档案等，为信息检索服务的方法和策略提供了一种框架。1945 年，美国科学家万尼瓦尔·布什（Vannevar Bush）在《诚若所思》一文中首次提出了机械化检索文献缩微品的设想。英国文献学家塞缪尔·克莱门特·布拉德福（Samuel Clement Bradford）于 1948 年发表了《文献工作内容的改进和扩展》一文，强调了自 19 世纪 90 年代到 20 世纪 40 年代蓬勃发展的文献工作所面临的必须革新的局面。这些都促成了图书馆文献服务的内容与方式从以文献实体或文献信息为主体向以信息资源为核心的历史性转移。图书馆工作中的信息收集、信息组织、检索语言的编制、用户需求的调研等都开始以信息检索服务为中心开展起来。

20 世纪 90 年代，各种计算机检索系统迅猛发展起来，如美国国家航空航天局的 RECON 信息检索系统、美国国立医学图书馆的医学文献分析与检索系统（MEDLARS）、美国洛克希德公司的 DIALOG 系统、系统发展公司的 ORBIT 系统，以及书目检索服务公司（BRS）的联机检索系统都相继投入使用。

随着检索的智能化、数据挖掘、知识发现的发展，以及各类信息咨询和信息调查机构的兴起，全文本、多媒体、多原理、自动化等新型检索方式已取得长足的进步，信息检索服务已演变成图书馆网络化知识服务的基础和手段。

（五）网络化知识服务

网络化知识服务是与信息资源的网络化、知识经济和技术创新的社会背景息息相关的，也是信息检索服务发展的必然结果。20 世纪 90 年代之后，随着网络技术的发展和普及，图书馆的数字化、信息资源的网络化、信息系统的虚拟化，以及各种非公益性的信息机构将包括文献信息检索、传递在内的信息服务直接提供给最终用户，导致信息交流体系和信息服务市场的重组，图书馆对信息服务的垄断地位也不复存在。这些都促使图书馆必须迅速调整和充实图书馆服务的内容与策略，重新定位其核心竞争能力，使现有的以信息检索为核心的服务方式向网络化知识服务方式转变，以保证其在数字化、网络化环境中的社会贡献、用户来源和市场地位。

网络化知识服务是图书馆信息服务的高级阶段，是一种基于网络平台和各类信息资源（馆藏物理资源和网络虚拟资源）、以用户需求目标驱动的、面向知识内容的、融入用户决策过程中并帮助用户找到或形成问题解决方案的增值服务。网络化知识服务具有个性化、专业化、决策性、整合性、全球化等特征，基本上属于单向或多向主动型服务。

第二节　图书馆服务管理的内容与原则

一、图书馆服务管理的内容

服务管理是随着服务经济的出现而诞生的一个管理学概念。服务管理的内涵有两个层面：一方面，它针对政府各职能部门和各社会组织、机构，以及各企事业单位的管理者与决策者，意指管理决策的性质与目的，管理决策的调控功能成为起支持作用的服务，在这个意义上，服务也就是管理的同义语；另一方面，它还针对包括管理者与决策者在内的整个组织内的全体员工，意指整个组织的运行机制及存在理念，组织的运行通常在组织之外，在这个意义上，组织等同于服务。对图书馆而言，它既可以单纯指向图书馆的馆长或书记，也可以指向整个图书馆的人力资源。图书馆服务管理的内容一般包括以下几个方面。

（一）组织机构管理

组织机构管理是指组织机构的组成机制和结构，这表明服务必须成为组织与机构的建构基础。整个组织机构内部的构造机制与运行机制都必须从服务的理念出发，即组织机构内部各部门的设立、部门之间的相互关系等，都必须从服务的理念出发。因此，在一个以信息咨询服务为根本宗旨的图书馆里，信息的采集部门、加工部门、传播部门及各相关支持辅助部门的设立与运行，都必须以信息快捷、方便、高效地为信息需求者或接收者所接收为根本宗旨或最终目的。图书馆各部门的设立必须遵循"一个也不能多，一个也不能少"的原则，其运行机制必须以相互支持、互为前提为宗旨，以便充分保证服务理念的实现。为此，图书馆的组织机构管理必须遵循科学性和系统性的原则。

（二）经营管理

众所周知，图书馆是一个公益性的组织机构，它以所有的信息需求者或接收者为服务对象，遵循整体性利益和普遍性的原则，不以追求利润为目的。经营是市场经济的产物，它以个体性服务为目标，以追求利润的最大化为目的。毫无疑问，把经营理念和图书馆扯到一起似乎是矛盾的。但事实上，图书馆引进经营管理理念不仅不矛盾，而且对其服务理念的实现还有着相当大的促进作用。在市场经济的大背景下，即便是公益性的服务在一定程度上也是具有竞争性的，表现为服务与服务之间的竞争。另外，在这样的背景下，公益性服务并不完全排斥有偿服务，图书馆在大力拓展公益性服务的同时，开展一定的有偿服务，不仅是可能的而且是必要的，这是整体性服务与个体性服务的有效整合和辩证统一。图书馆在开展有偿服务的同时，必须切实确立公益性服务的主导地位，公益性服务以有偿服务为补充，有偿服务则以公益性服务为基础，而且有偿服务的项目设立及收费标准，都必须全面纳入图书馆整个服务管理系统中，任何喧宾夺主的做法都不利于服务管理理念的实现。

（三）形象管理

形象管理对图书馆服务管理来说是不可缺少的。它一般包括两个方面：一是物理形象，二是精神形象。物理形象指馆舍风格、装饰、布局、安全与卫生环境，以及员工的衣着、相互之间的融洽关系等外在形象表现；精神形象指图书馆以服务管理理念所确立的精神风貌，它包括整个图书馆的精神品格，以及以广告语或标志性口号为概括的灵魂支撑，也就是人们常说的企业文化。事实上，图书馆服务管理系统内的组织机构管理、经营管理、物质资源管理、人力资源管理等的有效运行，都构成了整个形象管理的重要一环，它们的有效运行本身就是形象管理的写照。当然，形象管理还涉及形象的策划与实施。一般而言，组织机构内的广告和宣传部门都与此功能有关，图书馆也不例外。

（四）物质资源管理

物质资源管理包括图书馆馆舍的修建与维护，技术设备的采购与保养，信息资源的采集、加工与储存等诸多方面。即使是现代的数字图书馆，也面临着同样的问题，即对物质资源的依赖。馆舍及技术设备自不必说，信息资源虽然是数字化的，但是其储存的介质必须是物理化的。物质资源成为服务理念实现从场所、手段到内容的物质基础。毫无疑问，没有了物质资源，服务理念的实现只能是一句空话。因此，图书馆物质资源科学化与系统化的管理，成为服务管理理念最终实现的物质保证。

（五）人力资源管理

人力资源管理针对整个图书馆内部包括管理者在内的全体员工，既包括从岗位的设立到人力资源的科学化和系统化的分配与利用，又包括管理者与员工之间、员工与员工之间的互动关系，还包括劳动力保障与收入分配机制及其相应的激励机制。此外，人力资源的质量也是十分重要的内容。在信息社会中，作为以信息的采集、加工、传播为主要功能的图书馆，其人力资源具备相应的信息知识是十分重要的。图书馆虽然不要求其员工个个都是信息专家，但是他们应具备一定的信息知识，并掌握相应的信息采集、加工、储存及传播的技能，否则，图书馆的信息咨询功能便难以实现。

二、图书馆服务管理的原则

（一）创新原则

图书馆服务创新包括内容创新、方式方法创新等多方面内容。

1.内容创新

从图书馆服务的发展趋势来看，图书馆服务的内容急需拓宽，其主要趋势是增加信息服务和便民服务的内容。在信息服务方面，主要是增加网上信息导航服务内容。在便民服务方面，加大为社区服务的力度。在文献信息服务方面也要创新，主要是加大参考咨询服务的力度，努力从文献服务向知识服务演进，提高图书馆服务的知识含量。

2.方式方法创新

方式方法创新就是改变以往单一的馆藏文献的外借与内阅服务模式，利用现代网络平台提供各种数据库服务、知识库服务，以及多种在线或离线信息服务，如信息推送、知识发现、网络呼叫、智能代理。这些服务方式方法具有较强的智能性、实时性、交互性，能够提供全新的个性化服务。这种能够同时提供实体馆藏与虚拟馆藏服务的模式，极大地丰富了图书馆服务的内容，强化了图书馆服务的能力。

（二）以人为本原则

以人为本是图书馆服务的首要原则，也是图书馆精神的精髓。以人为本就是指在图书馆服务中，坚持以满足读者需求为核心，以积极的服务态度和认真的服务精神，通过各种措施，调动一切力量，为读者充分获取和利用图书馆各种信息资源提供方便。以人为本原则体现了"一切为了读者"的服务思想和全局性的要求，即图书馆的所有文献、所有馆员、所有工作都要把为读者服务当作出发点，并贯穿于一切服务过程中。以人为本主要体现在以下几个方面。

1.从方便读者的角度出发

从本质上来说，千方百计减少图书馆对读者的限制，是方便读者的重要方面。围绕图书馆服务所制定的一系列规章制度和管理办法都是为了维护大多数读者的利益，因此这不应成为读者利用图书馆的障碍。但是在实际工作过程中，图书馆往往会有意无意地以方便管理为出发点，制定一些限制读者、限制使用、忽视读者方便性的管理措施，这样就必然会给读者造成种种不便。图书馆应当根据客观情况及时地调整和完善规章制度，协调好图书馆、工作人员、读者三方面的关系，既要方便读者，又要在科学管理的基础上，真正使图书馆服务管理体系以保护大多数读者的利益为出发点，保证图书馆服务健康有序地发展。

2.建立科学合理的馆藏组织体系

经过日积月累，图书馆的馆藏越来越多，其内容和形式都较复杂，只有对馆藏进行科学的组织与布局，并通过多功能的目录检索体系指引读者查找文献，才能够使各种类型的读者方便及时地获得所需文献资源，便于工作人员的管理，提高服务效率和服务质量。在图书馆的资源组织过程中，工作人员一方面要全面收集和充分揭示文献信息资源，另一方面还要按照读者需求组织资源。为了使读者快、精、准地检索和获得所需要的文献，图书馆应按照科学方法将馆藏文献、网络文献组织成一个有序的资源体系，建立合理的布局，并通过一站式的统一目录体系加以全面揭示和引导。

3.建立协调统一的服务体系

在现代图书馆中，服务与管理都已广泛实现了网络化、自动化，大大缩短了读者查找并获得信息资源的时间，为读者利用图书馆创造了便利条件。图书馆应充分利用现代管理手段建立协调统一的服务体系，主动采取多种服务方式为读者服务，体现以人为本的服务原则。

（三）平等原则

平等原则是图书馆服务最基本的原则，是现代图书馆服务的基本方向，它主要体现在以下两个方面。

1.平等享有权利

平等意味着无贵贱之分，无高低（身份）之别，无特权之规定。"图书馆面前人人平等"是图书馆界的"人权宣言"。联合国教科文组织与国际图联于1972年公布的《公共图书馆宣言》中早就写明："公共图书馆的大门需向社会上所有成员开放。"联合国教科文组织与国际图联于2022年公布的《公共图书馆宣言》中指出："公共图书馆应不分年龄、种族、性别、宗教、国籍、语言、社会地位或其他任何特征，向所有的人提供平等的服务。"平等原则强调的是图书馆要尊重、关爱每个用户，坚决维护用户的合法权利。用户的这些合法权利包括以下几个方面：平等享有取得用户资格的权利；平等享有阅读的权利；平等享有个人人格和隐私不受侵犯的权利；平等享有提出咨询问题的权利；平等享有参与和监督图书馆管理的权利；平等享有遵守图书馆规章制度的权利；平等享有提出合理化建议的权利；平等享有接受安全、卫生等辅助性服务的权利；平等享有对图书馆工作进行评价的权利；平等享有自己的合法权益受到侵害时提出改进、赔礼或诉讼的权利。图书馆是通过文献信息资源的传播来保障公众"认识权利"实现的机构，"读者的权利不可侵犯"应成为所有图书馆人铭记的职业信念。

2.平等享有机会

平等享有机会是指图书馆除应该保障用户平等利用图书馆的权利外，还应该为所有图书馆用户提供平等利用的机会，不应有任何用户歧视。联合国教科文组织与国际图联于 1994 年公布的《公共图书馆宣言》也强调："还必须向由于种种原因不能利用其正常服务和资料的人，如语言上处于少数的人、残疾人或住院病人及在押犯人等提供特殊的服务和资料。"它清楚地表明，图书馆服务的平等不仅要求形式上的平等，而且还要求实质上的平等，要为弱势群体，如阅读能力较低的人、残疾人、犯人、缺乏数字化或计算机技能的人，给予特别关注并提供特种服务，弥补用户自身能力的客观差异，维护和保障社会弱势群体利用图书馆和享用信息资源的权利。

可以说，没有平等就没有人文关怀可言。贯彻平等原则就要做到使信息资源尽量接近用户，以方便用户使用；为用户提供相对宽松和自由的利用环境，消除用户利用图书馆的各种障碍，做到信息资源占有和利用的平等；尊重用户自主查询和利用各种信息资源的权利，坚持守密原则，不窥探用户的个人隐私，尽量满足用户个性化的信息需求。

（四）开放原则

开放原则是图书馆服务的基本原则。开放是服务的前提，没有开放便没有服务。开放服务是图书馆适应时代发展的必然趋势，是现代图书馆服务的重要特征，开放服务包括资源开放、时间开放、人员开放和管理开放，是一种全方位的开放。首先，要将图书馆的所有馆藏资源、设施资源和人力资源向用户开放。图书馆要通过实施开架借阅、加强图书宣传、健全检索体系等手段来全面揭示馆藏，使所有馆藏向读者开放并被充分利用；要争取馆与馆之间相互开放资源，实现资源共享。其次，要最大限度地延长用户利用图书馆的时间，尽量做到节假日不闭馆，从而保证开馆时间的完整性和连续性。而对于虚拟图书馆，则要求其提供全天候的服务。再次，图书馆要向所有人开放。图书馆不仅是社会文化教育中心，而且还是人们相互交流、休闲、娱乐的场所，每个人都享有利用图书馆的权利。最后，图书馆应建立用户参与管理、决策的机制，如设立"用户监督委员会"之类的非常设机构、公布"馆长信箱"、设立"读者意见箱"，认真听取用户对图书馆服务的意见、建议，接受他们对图书馆服务工作的监督，并在可能的情况下让读者直接参与决策过程，将反馈结果向全部用户开放。图书馆要重视用户的评价，找出差距，改进工作，以此促进图书馆服务工作的开展。

第三节　现代图书馆服务的配置

现代科学技术，特别是计算机技术、声像技术、通信技术、缩微技术等在图书馆的广泛应用，使图书馆服务方式和服务手段日益多样化，服务范围也日益扩大，服务效率不断提高。同时，互联网技术的普及促使电子版图书出现，这使信息的载体更加丰富，让人们可以更方便快捷地获取信息。随着人们信息价值观念的变化、科学技术的进步和文献资源共享的逐步实现，图书馆服务正沿着社会化和自动化方向迅速发展，图书馆服务在人们的物质生活和精神生活中将发挥越来越重要的作用。

现代图书馆早已突破了"重藏轻用"的旧理念，但是"藏用并重"还是"重用轻藏"，以及如何"藏""用"需要新理念。藏书建设的"存取"与"拥有"之争导致了虚拟馆藏的产生与"资源共享＝存取＋拥有"公式的定论。而在"用"的问题上，"一切为了利用"既是服务的根本，也是服务的新理念。与其说"书是为了用的"，不如说"图书馆是为了用的"。图书馆的文献信息资源必须发挥作用，图书馆建筑、图书馆的设备设施也不能闲置。

一、图书馆服务的要求

（一）可检索性

图书馆服务要让读者知道图书馆里有什么，在哪里，让读者能快捷地查到所需要的信息。即使一些书刊资料不在本馆，图书馆也要帮助读者找到这些资料。可检索性包括以下几个方面：一是注意本馆资料的可检索性。图书馆的 OPAC 是否能否检索到所有的馆藏信息，是否存在着有文献无MARC 或有 MARC 无文献的现象（过去叫有书无卡或有卡无书现象，现在因为一些馆回溯编目未能完成或编目系统与馆藏不对应，也存在与过去类似的问题），图书馆是否实现了跨库检索、一站式检索，这些都会影响检索效率。二是注意他馆资料的可检索性。图书馆联合目录系统是重要的检索工具，图书馆必须引导读者充分利用这一工具，查询各图书馆的可用资料。三是注意网上资料的可检索性。图书馆是否有便捷的网络导航系统，以引导读者检索到网上优质的资料，包括免费的网上资料。任何一个图书馆的馆藏都是有限的，都无法做到、也没有必要做到"大而全、小而全"，只能购买必要的有价值的资料，这些资料要发挥作用，就得靠可检索性；当一个图书馆的馆藏不能满足读者需要时，这一问题也要靠可检索性去解决。

（二）可获得性

图书馆服务的对象不仅需要检索文献信息，而且还需要获得文献与知识，这通常构成了一个文献获取过程的两个环节：为获得而检索，由检索而获得。除文献借阅的方式外，电子文献传递也是重要的方式。电子文献传递已在许多图书馆开展起来，既使读者受益，又节约了图书馆的采访经费，还减轻了图书馆的藏书压力。

（三）可用性

可用性是指图书馆为读者提供的资料可以使用并具有使用价值。一个图书馆的特藏对读者开放，读者可以借阅，就有了可用性，不对读者开放，就没有可用性；图书馆的检索终端设备完好，可以上机，就有了可用性，设备坏了不维护，就没有可用性；图书馆的阅览座位，每周开放时间长，可用性强，每周开放时间短，可用性差。图书馆为读者提供的所有资料都应该是可用的，对电子资源来说，可用性是图书馆服务的一个新的重要指标，能否有效地使用各种资料，既反映了图书馆的馆藏质量，也反映了图书馆的服务水平。例如，图书馆提供的数据库打不开，信息导航的地址经常变化或错误没有及时更正，点击图书馆网页出现空白或"正在建设中"字样，使读者无法使用，这就不具备可用性，是图书馆的失职。一旦读者发现图书馆的书刊、数据库、网页、阅览设施不能用或利用价值低，读者就会对图书馆失去信心，就有可能不再来馆。

（四）可读性

可读性是指图书馆的信息资源能够阅读并有阅读价值。图书馆要注意：提供给读者的书刊是不是可读的？有没有价值？假如读者借到的书刊破烂不堪、字迹模糊、无法阅读，图书馆向读者推荐的图书因为文种或版本等原因，读者根本读不懂或者难读懂，就不具备可读性。同样是一部世界名著，好的译本读起来非常流畅，对读者来说是美的享受；差的译本读起来拗口，可读的价值就低。特别要注意电子资源的可读性，图书馆的光盘能否阅读，各种版本的电子文献能否阅读，购买的电子书刊字迹是否清楚。馆员在服务的过程中检查文献的可读性是一个必要环节，书刊借阅时要检查书刊有无破烂、缺页、开天窗、字迹脱落等现象，电子资源服务时要检查所有资源或文件是否有与阅读器不匹配、文件版本低、文件无法阅读的现象。

二、图书馆服务的形式

（一）开放服务

当代图书馆的开放服务理念不再局限于图书馆从闭架借阅到半开架借阅再到全开架借阅，而是具有更多的含义。一是延长开放时间，这是图书馆改善服务的一个简单易行的措施。自从图书馆打出"365 天天天开放"的招牌后，确实赢得了读者的好感。而比这更重要更具体的是图书馆大门旁清晰标出的开放时间，读者手册详细列出的每个季度和每个阅览室的开放时间表，这在国内外图书馆极为常见。在美国高校，有40%的图书馆开放时间达到了每周80小时以上。而我国80%的图书馆开放时间在每周80小时以下。二是拓宽开放空间。图书馆要把每一扇门打开，除藏书全部向读者开放外，各个部门的各个设施都应当向读者开放。三是扩大读者范围。公共图书馆要将读者范围扩大到外地，高校图书馆和科学图书馆要努力向社会开放。新建的深圳大学城图书馆定位为高校图书馆和科技图书馆，不仅为北大、清华、哈工大、南开4个校区服务，而且还为全市科技人员服务。既扩大了图书馆的功能，又扩大了服务范围。四是增强开放观念，树立国际化服务的意识，从国内资源共享到国际资源共享，从全国服务到全球服务。

（二）免费服务

图书馆是一个社会公益服务机构，免费服务是根本。图书馆不应该收费，这在国际上已经是一个惯例，也应该是一个发展方向，正如《公共图书馆宣言》所指出的"公共图书馆原则上应该免费提供服务"。免费服务在国外发达国家和地区是一个普遍现象，代表着图书馆服务的基本要求。美国的许多图书馆，办证、借阅都是免费的，还提供免费打印。我国一些地区的图书馆也提供了这些服务，如香港一些高校图书馆每年给每个学生提供300页的免费打印服务，中山大学珠海校区的电子阅览室提供免费上网服务。

（三）便利服务

图书馆服务的便利性越来越重要。方便是服务的起点，从细微处可见。举例一，公民到图书馆是否方便？深圳市图书馆新馆位于市民大厦和市音乐厅之间，这种将公益场所集中起来的做法，就是为市民提供方便。但是从与市民最接近的角度来看，仅有一个大的中心图书馆是不够的，还要靠社区图书馆网络来方便居民。举例二，办证是否方便？有的图书馆把办证处放在一个不显眼的或难找的角落里，这就很不方便。办证处应该设在离读者最近的地方，如图书馆的门口、首层等。如果办证处设在社区、读者工作和生活的地方，则更方便。办证时间是否方便，是否可以随时办，办证速度是否快，都体现出图书馆的便利性。举例三，在图书馆内出入是否方便？一些图书馆借鉴超市的服务方式，或设电子存包柜，或允许读者带包进入阅览室；有些图书馆设立先进的导引系统，使读者明确其在馆内的位置；许多图书馆的标示到处可见，就连电梯里都有每一层的指示。举例四，借阅是否方便？过去，图书馆每层一个借书口，读者需要在馆内多处借阅、多处办借阅手续，极不方便。现在，许多图书馆馆内设立一个总借还书口，以减少办手续的次数；设立自动借书机，以满足自助服务；馆外设立还书箱或还书车。

（四）个性化服务

个性化服务是有创意的新颖服务。2000 年 12 月，上海图书馆提出"把我的图书馆送入千家万户"的个性化服务的创新理念，引起了全国图书馆界的共鸣。

个性化服务是针对特定读者需求的专门服务，每个图书馆都可以推出特别的创意和特别的服务。如图书馆提供的推送服务、"My Library""送书服务""专家室""小组讨论室"多种服务方式。针对特定读者群开展的服务也具有个性化，如针对少年儿童的"放学到图书馆做作业"的服务，针对视障读者、下岗职工、城市农民工开展的专门服务。以幼儿服务为例，香港中央图书馆的"玩具图书馆"专为 3 ～ 8 岁儿童而设，提供启发智能的玩具和教育材料供家长与子女在馆内使用，馆内设四个主题角，分别为婴孩游戏区、模仿及想象游戏区、创意游戏区、智慧游戏区；深圳市盐田区图书馆也有类似的"玩具图书馆"，特别受幼儿及家长的欢迎。

个性化服务也是特色服务，与图书馆的特色馆藏相关。例如，温州市图书馆于 1999 年创办了鞋都图书馆，在 2004 年又创办了服装图书馆暨温州服装信息中心，设有会员服务区、图书阅览区和休闲区，还设有布料展示区，来自韩国、日本、意大利的数千种服装布料在此展示。这样的个性化服务体现了图书馆的特色，也体现了图书馆服务的深度。

个性化服务也是紧密联系本地本馆实际的服务。以爱心伞服务为例，澳门大学图书馆的门口摆了雨伞供读者雨天借用，读者自觉地在两周或者更长的时间还回来。中山大学备有600把标有图书馆字样的雨伞，称为"爱心伞"，放在各馆供读者借用。如今，这样的举措在许多图书馆得到了推广。南开大学图书馆于2005年也推出了爱心伞服务。考虑到南北方的差别，雨伞的利用情况会有不同，如果每个馆的服务都一样，就算不上个性化了。当然，好的服务经验是值得推广的，在模仿或借鉴的过程中注入新的形式和内容，就体现了个性化。

（五）营销服务

将服务与营销联系起来，并不是将图书馆服务商业化。实际上，这是将营销理念运用到图书馆服务中，借鉴营销的方法，扩大图书馆服务的范围，提高图书馆服务的质量和水平。引进营销理念，不是销售书刊，而是做服务的策划，做服务的宣传，推广服务，让服务深入人心。在企业的营销服务理论中有一个"企业、员工、客户"的三角模型，将其引入图书馆后可形成"图书馆、馆员、用户"的三角模型，两者在服务上有很大的相似之处。按照营销服务三角模型的承诺，即内部的、外部的、交互式的商业承诺，图书馆也可以做服务承诺。无锡市图书馆就做了这样的服务承诺：读者第一，服务为本；操作规范，礼貌待人；及时整架，有条不紊；代为查找，为书找人；全年开放，天天办证；解答咨询，主动热情；保持安静，讲究卫生；简捷高效，方便读者。当然，图书馆营销服务不是简单地复制企业营销服务，而是与图书馆结合的服务升华。

图书馆营销服务观要落实到以下几个方面：一是突出用户和需求，确立服务的用户导向，以用户需求作为图书馆服务活动的起点，根据用户需求组织图书馆服务；以满足用户需求作为图书馆服务活动的目的，实现用户真正满意。二是确定图书馆服务市场和目标用户，构建理想的服务环境，提供优质服务，唤起潜在用户的需求。三是制定营销策略，可分为消除用户不满意的服务和增加用户满意度高的服务两部分。在通常的营销服务中，增加用户满意度高的工作要占大多数，如增加开放时间和阅览座位，增加服务网点等。但消除用户不满意的服务也很重要，如取消用户意见大的收费项目，解决到图书馆排长队的问题。四是以整体营销为手段，改变过去图书馆将内部加工二线与服务一线分离的格局，将图书馆的各个部门形成一个以服务为中心的整体，突出强调营销因素的合理组合，包括服务时间、地点、手段、人员等因素，实现最优组合。

（六）创新服务

在全社会创新的环境下，图书馆服务也要创新，这关系到图书馆服务适应社会需要与时俱进，关系到服务质量和水平的提升，甚至关系到图书馆的长久发展。

图书馆创新服务要求每一个图书馆人具有创新意识和思维，要求每一个图书馆都有创新服务策略，及时增添新的服务，在服务过程中快速应变。图书馆要努力营造创新的氛围，培育图书馆人的创新精神，实现服务制度、服务手段、服务方法等方面的创新。

图书馆服务理念集中突出一个"人"字，一个"用"字，表达的是社会的一种知识环境。图书馆服务不仅要改变图书馆和图书馆员的理念，而且还要改变用户的理念。改变全社会的图书馆理念是图书馆服务的更高境界。

第四节　图书馆服务的创新与发展规律

一、图书馆服务的创新

（一）服务方式创新

1. 多样化服务

多样化服务是指服务内容和服务方式都要丰富，让每个读者都能高兴而来，满意而归。图书馆组织图书推荐专栏、专架，举办读者沙龙、知识竞赛、报告会、专题讲座、馆藏文献宣传展等活动，常年举办公益展览、公益讲座、一句话书评等活动，每周举办阵地读书、周末电影鉴赏等系列活动，为读者复制文献，提供数字音像制品等服务，创建一个读者之间相互学习、交流的知识平台。

2.多元化服务

多元化服务是指通过更好地应用计算机及网络等现代信息技术充分揭示馆藏图书馆多元化服务包括以下几个方面：开展网上预约、借阅、馆际互借等新服务；建立多种目录、索引、数据库、资源导引库；开展信息导航等向复合化、多元化发展的服务。通过主页进行信息服务，实现信息查询、虚拟资源利用、互动服务、定题服务、原文提供等功能，形成一个新旧兼容、多元并存、相互支撑的新格局，逐渐将传统服务向数字化服务延伸。

3.个性化服务

图书馆对读者反映的问题及反馈意见进行分析，并与其进行交流，总结出所需资源的特点；通过本馆数据库、合作馆数据库、免费网络数据库、搜索引擎等途径，应用智能代理、数据推送等技术，以读者为中心，完善个性化设计，对读者需求的系统界面、资源集合、检索工具与技术、检索结果等进行定制，建立适合于重点读者的数据库，形成自己的特色资源，实现完全的个性化信息服务，实现人性化管理的理念。

4.一站式服务

一站式服务模式集藏、阅、查、咨、借于一体，打破了以载体和读者为对象进行分室的传统管理模式。读者的借阅权限不再按身份划分，读者只凭借图书馆的读者身份就可平等享用开放空间内所有类型的文献资源。大流通、大开放的超市式模式，节约了读者时间，为读者提供了宽敞舒适的个性化阅读空间，平等、自由获取信息资源的平台。

（二）服务手段创新

1.美化阅读环境

通过扩大阅览室面积，营造宽敞舒适的环境。同时，投入资金，美化环境，新增电脑、阅览桌椅、书架报柜、绿色植物等，大厅、回廊等都以格言装饰，馆内无线网络全覆盖等。

2.优化服务措施

优化服务措施包括以下几个方面：延长开馆时间；设立闭馆还书箱；在大厅设咨询服务台；量化学科馆员的工作，通过电子邮件为读者主动推送有针对性的信息；明确读者疑问解答流程，包括联机检索疑问、光盘利用疑问、资料查找疑问、网上续借疑问等。

3. 开通智能服务

开通以手机为媒介的掌上图书馆服务，满足读者随时随地了解图书馆信息，使用图书馆资源，享受图书馆服务的需求；开通体验服务，为读者提供一个互动式的计算机知识学习应用体验平台，满足读者对图形设计、网页设计、数据库编程等主流软件学习、展示、交流的需要。

4. 拓宽宣传途径

通过广播、电视、报纸等传统媒介宣传图书馆，借鉴商家的各种营销手段宣传图书馆服务内容。通过在民间网站、街头主干道人行信号指示信息屏、移动电视滚动屏等上发布图书馆服务和活动信息，在超市及社区公告栏张贴宣传海报等方式，多途径地开展图书馆形象宣传，提高图书馆的社会认知度，把民众吸引到图书馆来。

二、图书馆服务的发展规律

从图书馆服务的组成要素和图书馆的历史演变来看，图书馆服务具有以下发展规律。

（一）服务对象的扩展

图书馆服务的对象经历了一个从严禁到限制，从限制到部分开放，从部分开放到全面开放的过程。在中华人民共和国成立前，因为能够对外开放的图书馆和藏书的数量极其有限，再加上广大群众中文盲占大多数，所以图书馆实际上只能为少数人服务。从中华人民共和国成立到 20 世纪 80 年代后期，我国虽然通过开展扫盲运动，普及教育，广大群众的文化水平逐步提高，图书馆服务的对象扩展到了全民族各个阶层，但是服务对象还是受地域、身份等方面的限制，读者必须持有关证件进馆，办理借书证时需要单位开具本地户口证明。到了 20 世纪 90 年代，由于人们对文献信息需求的增加，以及图书馆事业的发展，特别是公共图书馆事业的发展，公共图书馆已向全社会开放，社会成员可以不受地域、身份等方面的限制，就近享受图书馆服务。目前，我国许多图书馆都免费向公众开放，人们可以免证件进馆阅览书刊，无论是本地居民还是外来务工者，只要持本人身份证就可以办理借书证，免费借阅图书馆的书刊资料。

（二）服务内容的增加

由于人类信息需求的增加，图书馆服务的内容也在相应增加。古代图书馆只是为朝廷政事、公私著述提供参考资料；近代图书馆主要提供阅览服务；现代图书馆除为用户提供借阅、参考咨询、文献情报检索等服务外，还为他们提供网络服务，包括多媒体检索、网络咨询、查新咨询、休闲娱乐等服务，不仅为用户提供传统印刷型文献资料，而且还提供数字化文献信息。图书馆服务功能的多样化已使其不再是单纯的文献收藏中心，同时还是社会教育的基地、信息传播中心和民众休闲娱乐的重要场所。

（三）服务手段的提高

20世纪60年代以前，我国图书馆的各项工作都处于手工操作阶段，图书馆服务效率低下。20世纪70年代以来，随着计算机技术在图书馆的应用，图书馆内部管理逐渐实现了自动化，图书馆服务效率有了显著提高，机读目录的出现为用户提供了更多的检索途径，流通自动化简化了用户的借还手续。20世纪90年代以后，随着互联网技术的发展，图书馆服务实现了网络化。通过互联网，用户可以在家里轻松享受图书馆服务，阅读图书馆数字化的文献资料，并下载自己所需要的信息。图书馆可以利用互联网建立虚拟馆藏，共享他馆及其他信息机构的信息资源，并为用户提供信息服务。

（四）服务方式的进化

随着社会的进步和发展，以及人类信息需求的增加，图书馆服务的方式也有了很大的变化。古代图书馆由于馆藏信息资源数量、管理手段及信息需求等方面的限制，一般仅提供室内阅览服务。到了近代，图书馆馆藏文献数量有了显著增长，人类文献需求趋于大众化，图书馆除提供馆内阅览服务外，还向读者提供文献闭架式外借服务。到了现代，随着科学技术的飞速发展，文献信息资源数量急剧增长，人类的信息需求日趋多样化，封闭式服务已不能满足人们的需要，图书馆逐步实现了开放式服务，实现了借、藏、阅一体化，极大地方便了用户对文献信息资源的利用，也提高了文献信息资源的利用率，最大限度地发挥了资源的效用。随着互联网的发展，图书馆服务已不再局限于图书馆内服务，通过互联网，图书馆可以提供网上阅读、全文信息传输等多种服务，及时快捷地满足社会大众的文献信息需求。同时，图书馆服务已不再只提供纯文献信息，还提供多种功能、多种形式的社会化服务。

第二章　高校图书馆的学科服务

学科是高校承载教学、科研和社会服务的基本单元，学科建设是高校建设的核心，是高校办学理念的直接体现，是评价高校教学实力、科研水平和社会服务能力的重要标志。本章对高校图书馆的学科服务及学科服务系统进行了探索。

第一节　高校图书馆的学科服务概述

一、学科服务的概念

对高校图书馆来说，学科服务就是图书馆员围绕高校学科建设需要而提供的全方位的文献知识信息资源服务和信息技术服务。实际上，学科服务是图书馆界的一种全新的服务理念和服务模式，是图书馆为适应新的服务需要、深化服务变革、提高服务水平而采取的一项新举措，它是信息时代产生的一种高层次的信息服务形式。学科服务作为图书馆的服务实践活动和一个比较规范的、正式的学术术语，源于"学科馆员制度"及后来的"学科信息导航""学科信息门户""跟踪服务""导读服务"等。

在我国，学科服务的广泛应用在 2007 年以后。早期的学科服务主要是指利用学科馆员开展的服务，即利用学科馆员开展一些诸如用户联络、图书馆资源介绍、参考资料编写等简单的面向用户的学科服务工作。随着学科馆员制度在国内的广泛运用和深入发展，以及对学科馆员认识的逐渐深化，2003 年，张晓林撰文把"学科馆员服务"上升为"学科化知识服务"或"学科化知识信息服务"①，到 2006 年，李春旺在《学科化服务模式研究》一文中将"学科化知识服务"演变为"学科化服务"，再到 2007 年才风行为"学科服务"。在这一时间段内的名称上的所有变化，并没能使"学科服务"概念的内涵发生很大的改变。那么，现今的"学科服务"又该是怎样的呢？直到目前为止，关于"学科服务"概念的内涵仍然没有一个统一的界定，甚至都没有在张晓林给定的"学科化知识服务"的定义上有什么超

---

① 张晓林.构建数字化知识化的信息服务模式[J].津图学刊，2003（6）：13-16，80.

越，基本上是沿用张晓林的关于"学科化知识服务"的定义。张晓林对"学科化知识服务"的定义是"按照科学研究（如学科、专业）来组织科技信息工作，使信息服务学科化，使服务内容知识化"[①]。从上述关于学科服务称谓的变化可以看出，至 2003 年以前的"学科馆员"或"学科馆员制度"强调的是学科馆员岗位的设置，着重于对学科馆员的选拔和职责的界定；2003 年至 2007 年的"学科化服务"强调的是学科信息资源的组织方式及学科馆员服务内容的升级。

2010 年，初景利在 CALIS 学科馆员培训班的"学科服务概论"和"学科馆员服务模式与机制创新"专题中根据国内引入的学科馆员制度在国内引入的 10 年实际情况提出，由于用户信息环境的变化、用户信息需求的变化和用户信息行为的变化，直接面向用户提供学科化服务的模式和机制也必然发生了变化。因此，我们得重新审视学科馆员这一制度，在进行重新审视时必须要用一种全新的视角来诠释学科馆员所提供的学科服务。学科服务是以用户为核心，通过学科馆员这一主体，依托图书馆和公共信息资源，面向特定机构和用户，建立基于教学与科研、多方协同、面向一线用户的一种新的服务模式和服务机制，向用户提供个性化、专业化、知识化的服务，提升用户信息能力，为教学科研提供有力的信息保障与支撑。基于理想的模式与机制的视角，学科服务不仅仅是一种服务，它还站在用户的角度，从用户的利益出发，从用户的需求出发，顺应用户的行为，调动全馆，以及所有可能的人力、物力、财力资源，融入用户物理或虚拟社区，以知识服务为手段，为用户构建一个适应其个性化信息需要、学术交流需要的信息保障环境。它是以用户和知识为中心的泛在服务，也就是说，用户需要什么，学科服务就满足其什么，用户在哪里，学科服务就在哪里。学科服务是为推动图书馆全方位发展而建立的真正面向用户的一种全馆服务机制，是图书馆发展与创新的需要与具体体现，也是未来图书馆服务的发展趋势。

由此可见，新时期图书馆的学科服务不再单纯地由学科馆员来开展或完成，而应该围绕学科用户教学、科研的个性化需求，整合一切可能的与

---

① 本刊评论员 . 以知识服务推动图书情报工作的创新发展:《图书情报工作》2012 年发文评述 [J]. 图书情报工作，2013，57（1）:5-13.

学科知识服务相关的资源和服务，建立涉及图书馆及相关部门的资源重组、机构重组、服务设计、系统架构等。它是一种全新的运行机制，是一个全方位面向用户服务的体系，是未来高校图书馆适应新的信息技术环境的服务模式。

学科服务不仅包括人的服务，而且还包括物的服务，应该是人和物的服务总和。它需要尽可能地调用社会系统中的三大资源（人力、物力和财力资源），建立起学科服务的物理平台与虚拟平台，并嵌入用户的物理空间和虚拟空间中，这不仅需要学科馆员提供主观的人为知识信息服务，而且还要为用户提供与教学、科研知识信息需求相适应的配套设施和技术支持，全程协助用户完成教学、科研工作，为用户的教学、科研工作提供全方位的知识信息资源上的保障。

学科服务的根本目标是使信息资源服务从侧重图书馆工作过渡到侧重用户需求，从作为第三方的文献信息和知识信息资源供给方过渡到具体学科教学与科研活动的有机组成部分。通过建立学科服务人员与教学、科研人员之间的紧密合作伙伴关系，将图书馆的文献信息和知识信息服务融入学科教学与科研过程中，从而扩大图书馆在科研活动中的影响力，提升图书馆的服务质量和水平。

综合以上论述，学科服务应以学科馆员为主体，以学科知识服务为核心，以用户信息需求最大化满足为目标，突破"馆"的概念与范式，融入用户物理空间与虚拟空间环境，全方位地、积极主动地、有针对性地为学科用户教学和科研提供个性化、专业化、知识化的信息资源保障和现代信息技术支持服务。

二、学科服务的基本要求

目前，国内各高校图书馆学科服务的内容、方式、方法都没有统一的模式和规范，所服务的用户群体也有所差异，在对学科馆员的具体组织、管理与运作上更是千差万别，但是高校图书馆学科服务的基本要求大体一致，具体可概括为全面系统、方便快捷、高效利用、满意评价。

（1）全面系统。全面系统主要是指图书馆学科服务体系要全面系统，这不仅要求学科文献知识信息资源要全面，而且还要求学科服务工作的各个操作环节要系统化。同时，学科馆员对所负责的对口学科的学科资源、学科情况要全面了解和熟悉，还要能利用各种现代传媒技术广泛宣传与推广图书馆学科资源和服务，使学科服务工作得到更多用户的认可和信赖。

（2）方便快捷。方便快捷是指学科用户通过学科服务能够方便快捷地获取所需的学科信息资源并及时解决其相关问题。

（3）高效利用。高效利用指的是学科馆员工作的高效和学科信息资源利用的高效，即学科用户能够高效地使用所需的学科信息资源。

（4）满意评价。满意评价是指学科用户对学科服务的认可和信赖。

总之，学科服务是一个集系统性、复杂性、持续性和动态发展性于一体的系统工程，学科服务工作是高校图书馆面向学科或学院、学科用户群、学科用户个人开展的一种全方位、多层次、泛在的、主动性知识服务，它不仅需要图书馆整体自上而下协同进行，并渗透到学科用户中，而且还需要用户互动参与，这样才能有针对性地为学科用户提供高效、满意的学科信息服务。

三、学科服务的性质与特征

服务是贯穿于图书馆工作全过程中的一种实践活动，是图书馆永恒的主题，是图书馆生存与发展的重要基础之一，是图书馆的终极目标。图书馆服务随着社会的进步在不断地发展，其内涵、外延都在不断扩展、延伸。学科服务的不断发展使其超越了图书馆的物理空间界限和传统逻辑起点，学科服务的服务地点、服务深度、服务逻辑起点、服务定位、服务内容、服务特点、服务手段、服务责任等都有了纵深发展。它是高校图书馆服务的延伸和拓展，是以学科馆员为纽带，围绕不同学科用户的个性化需求而展开的一种主动延伸式服务。它具有与高校图书馆读者服务相同的属性，与图书馆传统服务既有着密切的联系，也有着较大差别。因此，我们要想充分认识学科服务的性质与特征，必须先分析和了解学科服务与传统服务的区别。

学科服务是传统服务的延伸与发展，其与传统服务的区别主要在于以下几个方面。

（1）服务逻辑起点不同。传统服务是基于图书馆馆藏的服务，它以图书馆馆藏文献信息资源为中心，为用户提供原始的文献信息资料，包括纸质文献与电子文献；而学科服务是基于用户需求的服务，它以用户需求为中心，为用户提供所需信息，包括为用户提供文献资料，帮助用户订阅图书、期刊、电子数据库，甚至为用户分析文献资料，如科技查新、专利分析等。

（2）服务空间不同。传统服务往往是馆员等待用户到馆或被动地接受用户的咨询；而学科服务更多的是走出图书馆，深入用户群体中，主动与用户沟通，融入用户信息环境中，了解和掌握用户的需求及信息行为，并为用户解决问题。

（3）服务内容和深度不同。传统服务主要通过用户的咨询为用户提供文献资源和信息服务，是简单的基础性的服务；而学科服务注重参与到用户获取信息资源的过程中，优化用户信息环境，提升用户使用信息的能力，其超越了简单的文献服务和信息服务，更加强调知识服务，是一种深层次的服务。

（4）服务对象不同。传统服务是没有差别的普遍服务，每一位入馆的用户都可以获得同等的服务内容，是一对多的服务；而学科服务是针对不同用户不同的信息需求，提供不同服务内容的服务模式，是个性化、知识化、专业化服务，是一对一的服务。

（一）学科服务的性质

学科服务是一种以学科用户及学科用户信息需求为中心的学科馆员融入学科用户信息环境中的全新服务。作为一种新型服务，它正处于不断发展变化过程中，人们对它的认识也正在不断深入。因此，对学科服务性质的认识也是一个发展的过程，在此对其做一些概略性的分析。

1.学科服务是一种先进的办馆理念

随着信息技术和网络技术的迅猛发展，信息化、数字化、网络化给图书馆的生存与发展带来了前所未有的机遇和挑战。图书馆不再是文献信息资源的获取重地，人们对图书馆的依赖程度急剧下降，图书馆管理者不得不重新思考和审视图书馆的生存与发展。学科服务给图书馆的生存与发展带来了生机与希望，它将提升图书馆的核心竞争力。

2.学科服务是一种新的服务模式

学科馆员直接融入学科用户的信息环境中，为对口的学科或院系、重点实验室、课题组和学科用户个人提供个性化、专业化、知识化服务。

3.学科服务是一种新的服务机制

国内各高校图书馆相继根据本校学科建设的实际，为相应的学科或院系设置对口负责的学科馆员，明确了学科馆员的工作职责和目标任务，以及具体的考核指标和办法，对学科服务有明确的服务要求。例如，东北师范大学图书馆要求：深入了解院系师生对学科相关文献资源的需求，搜集、试用、评价学科相关文献资源，为学科资源建设和资源评估提供参考意见；开展学科资源宣传活动，提高图书馆资源利用率；助力"双一流"大学的建设，为各学科提供学科态势分析报告，主要包括学科竞争力分析、学科发展态势分析、学科预警分析。

4.学科服务体现了以用户需求为中心的服务理念

学科馆员除做传统基础性服务工作外，还要走出图书馆，融入学科用户的教学一线，嵌入科研过程，不仅要为学科用户提供教学、科研所需的文献信息，而且还要熟悉所负责的学科或院系的学科建设情况和本学科资源情况，为学科用户提供专业化、知识化的服务。

（二）学科服务的特征

随着图书馆服务的不断深入和拓展，学科服务将是高校图书馆的主导服务模式和核心工作。学科服务在高校图书馆服务中将发挥越来越重要的作用，其具有传统服务无法比拟的优势。

1.扩展性

学科服务扩展性主要表现在服务范围、服务内容和服务模式三个方面。

（1）服务范围。学科服务范围不仅包含物理空间概念上的地域范围，而且还包含服务内容范围。就物理空间概念上的地域范围而言，图书馆的传统服务主要是在图书馆物理空间内提供服务，仍然以图书馆为中心，而高校图书馆的学科服务早已走出图书馆，走进用户环境和用户的日常学习、工作、生活中。例如，学科馆员走出图书馆并加入学科创新团队中，全方位了解学科用户的信息需求，参加学科建设中的教学和科研，深入学科用户的需求环境中。

（2）服务内容。高校图书馆的学科服务不仅要继续履行高校图书馆传统服务的内容，而且还要履行参考咨询服务的内容。

（3）服务模式。学科服务除沿用参考咨询服务的相关服务模式外，还应注重深入学科用户的环境中，尤其是嵌入学科建设全过程并进行相关文献资源保障服务和个性化的信息服务。

2.主动性

学科服务是图书馆传统服务的延伸和深化，它将成为图书馆工作的核心，体现了服务理念的提升，它不再只是馆员被动地为用户提供文献信息资源、信息数据使用培训等服务。学科服务通过学科馆员主动与学科用户进行持续有效的沟通与交流，建立起畅通的信息需求与供应渠道，自觉主动提高图书馆的信息服务能力，把用户感兴趣的信息提供给用户，进而帮助用户提高工作效率。

因此，学科服务是一种以学科用户需求为中心的主动性服务。随着网络化的不断发展，以及高校图书馆资源和服务的日益丰富，如何使学科用户在众多的资源和服务中获得最优的、急需的资源与服务就显得格外重要。学科服务的主动性主要体现在以下两个方面：一是学科馆员主动为用户的教学提供资源保障及技术服务，使图书馆成为学科用户获取最新信息和知识资源的来源；二是主动深入用户环境中并为学科用户的科研提供服务，使图书馆成为新学科、新领域、新课题、新技术成果的跟踪者和信息资源提供者，为学科用户提供最新、最及时、最准确的服务。

3.互动性

学科服务是一种渗透的交互式服务，以用户需求为中心，围绕学科建设和学科用户需求，根据不同的分布式的动态资源，将服务渗透于学科建设和用户问题解决的整个过程中。关注学科资源建设，参与学科教学活动，融入学科用户群体中，嵌入科研，与学科用户互动，让学科用户主动参与学科资源建设。Web2.0技术的出现使得用户的信息需求发生了巨大变化。让用户参与并信息创造，用户不再只是信息的索取者，还是信息的提供者。

因此，互动是现代图书馆的显著特点。而学科馆员一般具有较强的信息技术能力，他们能充分利用这个特点引导用户参与、用户表达、用户体验，增强用户与学科馆员之间的互动性，提高学科服务的水平。

4.专业性

学科服务是一种新的服务模式，无论从其服务目的、用户需求，还是从其服务内容、服务形式、服务服务人员方面来看，其都具有极强的专业性。

（1）服务目的。学科服务是针对学科用户的个性化需求而进行的学科信息、知识资源和技术等方面的服务。

（2）用户需求。学科用户需要的不是一般的泛化的知识、信息资源和技术，而是与自己的学科内容高度相关的有效信息。

（3）服务内容。学科服务主要是围绕学科用户的教学、科研全过程而进行的，它不仅提供联络、咨询、培训服务，优化用户的信息环境，而且还参与用户的教学、科研过程，提升用户的信息获取能力、信息获取深度。

（4）服务形式。充分利用走访面谈、电话、网络社交平台等手段，走到用户身边，了解用户需求，提供随时随地的、精准的、专业的管家式服务。

（5）服务人员。从实施服务的主体学科馆员的自身要求方面来看，学科服务要求服务提供者同时具备两种素质：一是具备相关学科专业知识，便于准确地了解、发掘学科需求；二是具备图书情报方面的专业技能，便于针对学科用户需求提供有效的、深度的资源分享、分析与挖掘。具备这两种素质的学科馆员提供的学科服务是高质量的、有价值的。

5.快速便捷性

随着信息环境的变化和互联网技术的飞速发展，高校图书馆之间的信息共享空间逐步形成，通过重新配置图书馆的物理空间、整合服务和研究方式，各高校建立起一种新的、日趋成熟的学科化服务模式。高校图书馆以信息共享这个强大的学科资源共享网络和馆际互借服务做支撑，以学科馆员做主导，在硬件设施和管理制度上给学科用户提供了大量方便快捷、可利用信息，弥补了本校图书馆资源方面的不足，使读者享受到了超越空间的快速服务。

6.研究性

学科服务是图书馆服务的发展和创新，与传统服务和大家都已熟知的参考咨询服务相比较，它是一个全新的服务模式和服务机制。一方面，学科服务本身是图书馆界不断地探索和研究中的新生事物，无论是在概念的认识理解和基础理论上，还是在具体实践上，它都具有研究性；另一方面，高校图书馆学科服务的对象主要是学校重点学科和特色学科的专家学者和相应学科中具有较强研究能力和学术基础的学生，针对他们的信息服务，无论是服务内容、服务层次，还是服务方式，都具有显著的研究性。同时，学科用户的需求行为、需求内容也正处于探索和研究中，学科馆员在提供学科信息资源和技术等方面也需要不断地研究、分析，为用户提供更满意的服务。

7. 学术性

学科服务的学术性是由图书馆的学术性决定的。图书馆的学术性表现在以下几个方面：一是图书馆是科学研究系统中的一分子，主要从事科学研究的前期劳动；二是图书馆工作本身是一种学术活动；三是图书馆员大多数是科技人员。学科服务是高校图书馆工作的一部分，其性质从属于图书馆。高校图书馆学科馆员围绕高校学科建设为学科用户提供深层次的研究性的服务，其服务工作的成果直接渗透、融合、凝聚在他人的精神产品中，往往自身不具备独立性，这导致学科服务的创造性很难被人理解和认知。但是，学科服务工作本身是学科馆员的一种特殊的精神生产劳动，它不是简单直接地提供原始的文献信息文本服务，而是通过对文献知识和信息进行进一步的研究后再为学科用户提供知识性的、复杂的信息服务。因此，学科服务具有间接性、依附性和隐蔽性，学科服务工作流程中的劳动具有再创造性。学科服务的目标、思想来源于高校学科建设，同时也服务于学科建设。

8. 知识性

一方面，从业务上来说，学科服务属于一种知识密集型劳动，学科服务工作是在学科馆员与学科用户之间进行的学科知识信息的传递、交流与反馈的智力劳动过程。学科服务涉及相关学科研究性、探索性的工作，这些工作是智能化的科学劳动，它要求学科馆员具有相关学科背景知识和较强的综合能力。另一方面，学科服务是围绕高校学科建设，特别是重点学科、特色学科而开展的一种深度的知识服务，其工作重点是为学科用户提供可运用的知识信息，强调的是文献信息资源的开发与利用，不再只为用户提供知识的检索及相关文献，还帮助用户从复杂的信息资源中获取解决问题的知识资源，将这些知识资源融合重组进相应学科用户的问题解决方案中，并将其转化到服务机制中，为学科用户实现学科知识的发现、创新和获取，它是一种主动的知识推送服务。

9.增值性

在学科服务过程中，学科馆员根据学科用户的需要为相关学科用户提供的文献信息和知识信息服务，其很大部分是依赖于学科馆员结合自身的学科背景，在现有馆藏资源和利用现代网络技术组织的资源的基础上，通过对学科显性知识的学习、隐性知识的积累及有序化知识的开发，并通过学科馆员的不断内化和创新而转化为更大的生产力、竞争力与新价值的知识，学科馆员为学科用户提供知识服务的过程就是隐性知识显性化的过程。它是根据用户的需要进行知识的创新，形成外化的显性知识并提交给用户，这样，学科馆员的个人知识才能转化为相关学科研究人员共有的知识，为相关学科研究提供服务。它是一种有效的、高知识含量的服务，体现了学科馆员的创新性工作。学科服务的增值性主要体现在帮助用户解决问题，直接为用户提供问题解决方案。这充分展现了学科服务重点依据学科用户需要，开发出新的具有独特价值的知识产品，帮助用户解决问题或者为用户的问题提供解答所具有的特殊的价值，也表明了学科馆员的服务是增值的，且学科馆员智力服务的价值逐渐增高。

第二节　高校图书馆学科服务的发展概况

一、学科服务产生的背景

图书馆学科服务的出现时间晚于图书馆的产生时间，它是图书馆传统服务的延伸和拓展，是现代信息技术、网络技术和数字化技术环境下的产物，是高等教育改革和高校学科建设的客观需要，是高校图书馆用户信息环境和信息行为变化的产物。学科服务的发展起源于20世纪50年代信息技术发达的美国，随着学科馆员制度的发展而逐渐发展，随着学科馆员制度的完善而不断完善。学科馆员制度的发展和完善有力地推动了学科服务的发展进程。

（一）学科服务是知识经济时代的产物

知识经济也称智能经济，它是建立在知识和信息的生产、分配和使用的基础上的经济，即以知识和信息为基础的经济。其内涵是知识经济的增长直接依赖于知识和信息的生产、传播和使用。它以高技术产业为第一支柱产业，以智力资源为首要依托。经济合作与发展组织认为知识经济就是以现代科学技术为核心的，建立在知识和信息生产、存储、使用和消费之上的经济。知识经济时代的到来，使知识和智力成为社会经济发展中最为重要的资本和动力，创造价值的劳动不再是体力劳动，而是脑力劳动，知识成为最主要的价值来源，谁拥有知识，谁就拥有了财富。知识经济对整个社会的生产活动产生了巨大影响，对生产和创造知识的劳动者素质的要求更高，图书馆服务工作是社会生产活动之一，因此它不可避免地受到知识经济浪潮的冲击和影响。传统的服务模式和服务内容已无法适应知识经济时代的需要，图书馆不得不进行服务模式的变革与服务内容的调整和更新。为此，开展学科服务是图书馆适应新的服务需求，深化服务变革，提高服务水平的一项新举措。建立学科馆员制度和开展学科服务便成为高校图书馆知识服务的重要标志。

（二）学科服务是信息技术时代的产物

随着计算机技术的广泛应用，网络技术和信息技术迅速发展，数字化、网络化步伐加快，信息进入了社会生产生活的各个领域，信息作为资源的地位和作用越来越重要，人们对信息资源的争夺也越来越激烈。在信息技术时代，谁能掌握和利用更多的信息，谁就能在国际竞争中赢得主动。图书馆作为文献信息中心和信息交流机构，在信息大潮中不可避免地受到冲击和影响。由于出版集团、数据库商、搜索引擎服务商、网络运营商、学术机构等纷纷进入信息服务市场，且提供信息检索、专业咨询、文献传递、定题选送等各种信息服务，数字化基础的分布式信息服务模式成为信息市场的主流模式，各种定制的个性化服务开始成为新的基础服务模式，这些数字化资源、信息技术和网络化打破了图书馆长期以来的垄断地位，使其不再独有信息服务的优势。联机计算机图书馆中心（OCLC）关于读者对图书馆和信息资源的认知状况的研究报告提供了一个明确的结论：用户已经将搜索引擎作为信息获取的首选。其直接结果是用户对搜索引擎青睐，而对图书馆逐渐疏远，甚至陌生，图书馆得以生存和发展的用户将越来越少，其在信息社会和网络化时代的竞争力将降低。另外，在信息技术化、网络化、数字化环境下，获取信息要求方便、简单、快捷，用户希望随时随地能获取所需要的信息，希望自己的需求能得到及时、专业的帮助。用户的信息环境和信息行为发生了巨大变化，这向图书馆现有的组织模式和服务模式提出了新的挑战。为了应对各种网络信息资源的挑战，顺应信息环境的变化，高校图书馆开始了新的增长点的寻求，充分利用自身的人才优势、信息服务管理的经验和知识，力争在信息高端服务领域开辟新径，以求生存与发展。在这一发展趋势下，图书馆服务不得不从服务形式、服务内容、服务机制等方面进行改革，于是，一种新的服务理念和服务模式——学科服务产生了。

（三）学科服务是用户信息环境和需求行为变化的产物

随着社会的发展和科技的不断进步，以及信息技术的广泛应用，信息数字化、网络化成为现实，高校图书馆用户的信息环境发生了前所未有的变化，用户可以不受时间和空间的限制，方便快捷地通过搜索引擎、网页、网站、数字文献信息系统等轻松获取大量信息。到图书馆获取文献信息不再是用户的唯一选择，尤其是作为高校学科建设主体核心的学科梯队成员，他们对学科知识信息的要求变得更加精、深、专。然而，网络干扰使信息质量受到了严重的影响，高精度检索技巧变得更为复杂，信息筛选利用难度增大，真正急需的学科文献知识信息常常被遗失或淹没在信息的大海中，广大学科用户陷入信息富有与知识贫乏的窘境。新的信息环境和信息技术促使高校图书馆用户信息行为发生变化。一方面，用户已经习惯了方便、快捷、不分时空地获取信息，他们希望信息服务能直接"进现场"；另一方面，随着高校学科建设的发展和高校科研要求的不断提高，用户对基于文献的服务越来越不满，而对知识或提供知识解决方案服务的期望和需求越来越强烈，他们希望图书馆能提供有针对性、专业化的服务，希望图书馆员发挥自身的专业技能帮助其将知识内容从众多信息对象中挖掘出来，并根据信息的内在特征和价值进行鉴别、关联、重组，帮助其识别和创造新的知识。

二、学科服务的发展历程

学科服务是学科馆员制度下的服务模式和服务理念的进一步延伸及发展，其发展历程与学科馆员制度的发展历程基本一致。学科服务产生于信息技术发达的美国，并在不断的实践中得到了进一步发展和完善，在 20 世纪 90 年代被引入我国。总之，对高校图书馆来说，学科服务工作是一个新事物，它随着学科馆员认识的深入而不断发展。

美国研究型高校图书馆初期的服务方式是分领域服务，后来逐渐发展到了分学科、分专业服务。1950 年，美国内不拉斯加大学图书馆设立了分馆并配备了学科馆员，是高校图书馆学科馆员制度建立的标志，也是学科服务的发端。1981 年，美国卡内基·梅隆大学图书馆率先推出了"跟踪服务"，一些美国高校图书馆推出了"导读服务"[①]。随后，在其他一些国家，研究型高校图书馆越来越多地推行这种模式，使世界上有体系的学科服务得以形成。美国研究图书馆协会在 2007 年通过对美国的 63 个研究图书馆调查发现，94％的图书馆都开展了学科服务。

我国具有明显学科服务性质的图书馆服务工作已开展了二十多年，但真正的学科服务始于 1998 年清华大学学科馆员制度的建立，"学科服务"一词在其称谓上也是几经更换，广泛使用"学科服务"这一称谓基本上是在 2007 年之后。对于学科服务在国内的发展历程，不同的专家学者有不同的论述。

南开大学信息资源管理系主任柯平教授和天津财经大学图书馆馆长唐承秀撰写的《新世纪十年我国学科馆员与学科服务的发展》一文中，将我国学科服务发展历程归纳总结为三个阶段：起步阶段、推广阶段和发展阶段。

1998—2002 年为第一阶段（起步阶段），这一阶段，国外学科服务的经验被介绍到我国，国内引入学科馆员制度，开始了学科馆员的宣传发动。

---

① 原付林.信息时代学科馆员制度思考[J].中国市场，2006（41）：96.

清华大学于 1998 年率先引入国外学科馆员制度，安排学科馆员对口负责相应的院系，正式开始了国内高校图书馆学科馆员的实践。此后，东南大学、西安交通大学、北京大学、武汉大学、南开大学等根据本校图书馆的实际相继设立和实施学科馆员制度，国内高校图书馆具有学科服务性质的工作由此开始了。

2003—2005 年为第二阶段（推广阶段），这一阶段的学科服务主要是在实践上由少数高校试点到推广实施。例如，上海交通大学推出了"学科咨询馆员——图情咨询教授"服务模式，正式设立了学科馆员岗位；2003 年，沈阳师范大学图书馆正式建立学科馆员制度，并不断探索学科服务网络平台建设；中国科学院国家科学图书馆也推出了自己的学科服务理念和学科服务模式。

2006 年至今为第三阶段（发展阶段），这一阶段，国内高校学科馆员制度形成一定规模，很多普通综合性高校相继开设了学科馆员的服务，业界对学科服务的研究也迅速发展，除增加相关的研究文献外，各研究会相继召开了关于学科服务的国际国内专题研讨会，极大地促进和推动了我国学科服务的快速发展，各具特色的学科服务模式、学科服务系统层出不穷，国内学科服务无论在服务模式上还是在服务水平和质量上，都取得了显著成效。

石莉根据我国高校图书馆学科服务的状况进行了总结，并以学科服务的主体——学科馆员的发展历程为主线对学科服务发展历程进行分析。她认为，目前我国学科服务工作主要是由学科馆员来完成的，因此，在其硕士学位论文《高校图书馆学科服务体系研究》中结合初景利的根据不同时期学科馆员的不同工作职责将学科馆员划分为两代，由此将目前的学科服务工作划分为两个阶段。第一阶段是学科服务工作的起步阶段，这一阶段，学科服务完全依赖的是学科馆员的个人知识和能力，缺乏系统性和整体性，不具备大规模、深入提供服务的能力，开展的工作主要有用户联络、学科资源建设、参考咨询、用户培训等，开展的工作体现了图书馆的学科服务思想，改善了图书馆与用户之间的关系，促进了图书馆与用户之间的交流，提升了图书馆面向用户的形象。第二阶段的学科服务仍然依赖学科馆员的个人知识和能力，它是第一阶段学科服务的延伸。这一阶段的学科服务出现了专职的学科馆员，他们能将更多的时间与精力投入学科服务工作中，能提供更深入、更专业的服务，在服务逻辑起点、服务深度、服务内容、服务方式、服务定位等方面有了明显变化，无论在认识上还是在实践上都取得了巨大的进步，特别是它的融入学科用户教学、科研全过程中的思想得到了广大用户的认同，增强了图书馆的核心竞争力，提高了图书馆在用户心目中的地位。

第三节　高校图书馆的学科服务系统

一、学科服务系统的构成要素

高校图书馆的学科馆员、学科用户、学科服务平台及资源信息库构成了完整的信息服务系统，系统中的各要素之间互相联系、互相配合，通过一定的科学合理的模式打造出了学科服务系统。

（一）学科馆员

学科馆员是学科服务的发起者，也是学科服务过程从组织到实践再到维护管理等各个环节最主要的参与者。高素质的学科馆员团队是高校图书馆学科服务工作的根本保证，新形势下的高校图书馆学科服务系统中的学科馆员，除需要在所负责的学科学术领域有所建树之外，还需要增强其在图书情报方面的信息收集与网站维护能力。

1.学科馆员的概念

学科馆员在国外有多种称谓，如学术联系人、学科专家、学科馆员、学科目录学家、研究支持馆员、学科咨询馆员、参考咨询馆员、院系专业图书馆员、专业文献采访人员、专业选书馆员。在它产生之初，国内曾使用其他称谓，如南京大学的"学科联络员"、中国人民大学的"咨询馆员"、厦门大学的"采访馆员"。现在一般使用"学科馆员"这一说法。

1989 年，施洛曼·芭芭拉·F.（Schloman Barbara F.）等对学科馆员的

定义为图书馆任命馆员与特定的教学系部人员一起工作，建立起一种系统的、组织严密的交流渠道，以便图书馆能及时了解教师的需求，教师能及时了解图书馆的资源、服务与政策①。

美国图书馆协会（American Library Association,ALA）于 2001 年编制的《学科馆员工作指导》一书中对学科馆员的定义为学科馆员的工作就是与学科用户一起进行馆藏资源评价以提高用户需求满足率的过程。而美国图书馆协会的专业词汇表对"subject specialist"的描述是具有某一学科或专业领域深厚知识底蕴的图书馆成员，负责对图书馆中相关专业领域的资料进行选择和评估，有时也承担该学科领域的信息服务工作，以及该学科领域资源的书目组织工作。

根据 ALA 的定义，美国康涅狄格大学于 2001 年对学科馆员做出了进一步的描述：学科馆员是图书馆员队伍中的一分子，他们被任命为图书馆与校内研究单位（如学院、系、中心、项目组）的主要学术联络人，方便教师、学生与学科馆员之间的沟通交流，以便更好地获得学科信息指导与帮助。

目前，国内对学科馆员尚无一个明确、规范的定义。胡继东认为，学科馆员制度是以大学科为对象而建立的一种高级专门服务人员对口服务模式②。李春旺认为，学科馆员是某个学科的文献信息专家，他们熟悉乃至精通某一学科知识，能够有针对性地为教学与科研提供服务③。梅谊认为，学科馆员是指图书馆设专人与某一个院系或学科专业建立对口联系，向用户提供主动、有针对性的文献信息服务④。

总的来说，大部分学者趋向于认同学科馆员是指受过专门训练同时具有学科知识背景，主要负责图书馆某一学科专业文献的选择和评价，能够组织学科信息资源、提供学科信息服务、进行学科知识加工的图书馆员。

① Barbara F. Schloman, Roy S. Lilly, Wendy Hu.Targeting Liaison Activities：Use of a Faculty Survey in an Academic Research Library[J].RQ,1989, 28（4）：496-505.

② 胡继东.关于学科馆员制度的建立与完善问题[J].图书情报知识，2002（3）：78-79.

③ 李春旺.国内学科馆员研究综述[J].图书情报知识，2004（2）：26-28.

④ 梅谊.谈建立高校图书馆"学科馆员"制度[J].苏州大学学报（工科版），2002（5）：142-144.

2.学科馆员的职责

20 世纪末，国外逐步形成了具有成熟的组织机构和岗位职责的学科馆员制度。大部分高校图书馆的学科馆员具有以下职责：与用户进行沟通，对用户的学科需求进行调研，在资源使用方面对用户进行指导教育，为用户提供资源导航服务、定题服务、跟踪服务等。

进入 21 世纪，互联网的信息传播模式逐渐降低了用户对高校图书馆的信息依赖程度，同时，传统的高校图书馆以图书馆物理空间为中心的服务模式已经无法满足用户的需求。各高校图书馆不断反思地传统的服务模式，并寻求突破的道路，越来越提倡"以用户为中心"，从建立学科馆员制度慢慢转化为提倡开展学科服务。例如，美国康奈尔大学图书馆的传统学科馆员职责为馆藏建设、参考咨询、教学培训、院系联络，而如今其学科服务规划中明确提出要让学科服务深入教学科研的全过程，尤其是要为科研的每个阶段提供支持与服务。

目前，图书馆界普遍认同美国康奈尔大学图书馆对学科馆员职责的概括与表述，它把学科馆员的主要职责归纳为四点：馆藏建设与发展、参考咨询、用户教育、院系联络。

馆藏建设与发展一直都是学科馆员重要的职责之一，它包括以下几个方面：制定对应学科完整的馆藏发展政策；了解对应学科的背景、发展和需求，做出选书决策；与对应学科的书商建立良好的关系，定期评估书商的服务；管理对应学科的购书账号；负责对应学科的资料交换、长期保藏等工作；负责对应学科书刊的价位布局；定期检查对应学科书刊的使用情况，决定哪些书刊近期需要退库（一般退到储存书库）等；推荐、选择、试用和评估对应学科相关的电子资源及其使用情况。

参考咨询是最能体现图书馆学科信息专家作用的工作。无论是实体咨询还是网络虚拟咨询，学科馆员往往承担着与学科相关的比较有深度的、专业的、知识性的咨询服务工作，如学科研究方面的咨询、虚拟参考咨询、学科用户的邮件咨询、面对面咨询。学科馆员承担的参考咨询服务工作，除包括解答问题外，还包括编写各种研究指南，如学科开发一次文献学科性馆刊、整理加工的二次文献学科前沿和理论动态。编写好的指导性刊物，既可以做成链接、网页、自建资源库等特色资源在图书馆主页上发布，还可以印成文本放置于总馆、分馆的参考咨询处、现刊阅览室、院系资料室供读者随时取用。

用户教育，即用户信息素养教育，主要培养和提高用户信息能力。一般而言，学科馆员承担的用户教育工作，主要面向对应学科的师生，走进学科，走进院系，举办学科专业资源及其使用的各类讲座，还可以将其融入某一教师的某门课程，与教师一起走进专业课、专业基础课的教学课堂，按照教师的教学大纲讲授相关的信息问题，即开展"课程整合式信息素养教学"活动。这是学科馆员参与用户教育、进行用户信息素养教学的发展趋势。

在院系联络方面，学科馆员架起了院系师生与图书馆之间的桥梁，打通了用户信息需求与信息资源港的通道。其工作内容体现在学科馆员日常工作的方方面面，如把新书目录重点向相关教师发放，征求其购买意见，以建立具有特色的学科馆藏；宣传推广图书馆的新资源和新服务；参与学科的相关活动，如学术讲座、讨论会、纪念活动、学科检查。

国内图书馆的学科馆员岗位最开始大多设立在参考咨询部门，只有少数设立在资源建设部门、信息情报部门。因此，国内第一代学科馆员主要承担图书馆与用户之间的联络人（兼顾一些资源试用、整合、评估）、用户信息素质培训者、参考咨询馆员的角色。在信息环境、用户需求、用户行为发生重大变化的初期，学科馆员的角色也发生了改变，第二代学科馆员逐渐成为信息竞赛中的全能选手，主要负责搜集信息、整合信息、分析信息、推广信息。

随着信息技术的发展，电子科研和虚拟研究环境相继出现，用户信息环境和用户信息行为发生变化，高校图书馆又开始了学科服务 3.0 的探索与实践。这一时期，学科服务进入嵌入式服务发展新阶段，学科服务的重点转向围绕学科发展，深化和拓展对教学、科研、管理与决策的支持服务。第三代嵌入式学科馆员的主要特征为融入用户和嵌入用户需求全过程，即基于用户需求的知识信息服务，借助互联网技术手段来引导和指导用户，融入科研人员的学科队伍，从而实现与科研人员深层次的信息互动。

3. 学科馆员的发展

真正意义上的学科馆员形成于美国 20 世纪五六十年代的研究型高校图书馆。其中，内布拉斯加大学图书馆是美国第一个采用真正意义上学科分馆制的高校图书馆，这种"分馆制"允许学科馆员开展与其专业学科背景相关的图书馆各个方面的工作。但当时的学科馆员的职责还比较简单，学科馆员主要负责图书馆各个专业分馆的专业文献资源的建设。到了20世纪80年代，学科馆员正式成为一种制度。1981年，美国卡内基·梅隆大学图书馆推出学科"跟踪服务"，被认为是美国最早制定学科馆员制度的图书馆。随后，学科馆员制度在美国各高校图书馆及加拿大、英国、德国、新加坡等国家逐步得到推广。

在国内，学科馆员是在参考馆员的基础上发展而来的，同时二者又存在本质的差异，具体表现为服务模式、服务对象、服务性质、服务形式、角色职责的不同。学科馆员的服务是一种"以用户为中心"的主动信息服务，参考馆员的服务是一种"以图书馆为中心"的被动服务；学科馆员的服务对象主要是教学人员、学科科研人员、学习者，而参考馆员的服务对象是所有用户；学科馆员提供专业化、个性化、知识化服务，参考馆员偏向于解决用户在使用图书馆资源过程中遇到的具体问题，为用户提供一般性信息服务[①]。

学科馆员自身也在不断发展，从第一代学科馆员到第二代学科馆员再到嵌入式学科馆员，他们在服务地点、服务方式、服务手段、服务内容、服务深度等方面都发生着变化。

第一代学科馆员（学科馆员1.0）以学科联络为主要特征，服务地点主要是在物理的图书馆中；服务方式主要是面对面交流、电话、QQ咨询等；服务手段主要依赖个人的知识和能力；服务内容是从图书馆的资源出发，宣传推广本馆的资源和服务，学科馆员主要从事图书馆与院系和用户之间的沟通联络、学科资源建设、参考咨询、用户培训等工作，服务内容比较单一；在服务深度上，学科馆员基本上提供的是文献服务或信息服务，解决的是基于文献单元或信息单元的需求问题，缺乏系统性和整体性。

第二代学科馆员（学科馆员2.0）以融入一线、嵌入过程为主要特征，在提供阵地服务的同时，工作重点转向用户的社区、用户的场景，并延伸到用户的虚拟空间。在服务手段方面，除到用户身边提供服务外，还强调运用一定的技术手段，利用网络平台提供各种形式的服务。服务内容大致

---

① 李春旺.学科馆员与参考馆员、信息经纪人比较研究[J].大学图书馆学报，2005（4）：9–12，30.

为关注用户的学术交流过程，构建用户信息环境，将服务内容与用户的整个学术交流过程紧密结合起来，包括课题策划、内容分析、创新性论证、研究过程、论文发表、成果评价、知识产权等。在服务深度方面，基于用户的需求，跟踪服务需求，善于挖掘用户的潜在需求；与用户互动协作，深入用户的科研课题之中，综合运用各方面的资源和各种信息工具，提供面向用户的问题解决方案和对策；深入用户的知识需求解决过程之中，进行知识捕获、分析、重组和应用。

嵌入式学科馆员（学科馆员 3.0）以提供个性化、知识化服务为特征，以用户需求为中心，以融入用户的教学科研全过程（用户的物理空间或虚拟空间）为手段，以学科为单元，为用户提供集约化的深层次信息服务，建立以用户满意度为中心的效果考核机制。中国科学院国家科学图书馆馆长张晓林在 2012 年学科馆员服务学术研讨会上提出了学科馆员服务 3.0，它以"user-based""覆盖知识能力""嵌入教学科研过程""what you need"为要义。学科服务 1.0 借助数字信息技术飞跃到学科服务 2.0，学科馆员开始更多地使用信息技术工具，以用户为中心，为相应学科提供高层次的、精准的文献与信息服务。学科服务 2.0 到学科服务 3.0 的飞跃则要求学科馆员嵌入用户教学和科研全过程，全方位满足用户在科研立项、中期和审查不同阶段或者科学技术成果转化等不同方面的需求，为科技创新和科技决策提供个性化的服务，用户需求彻底变为服务的出发点。从嵌入教学科研过程来看，在学科服务 3.0 阶段，学科馆员成为学科资源建设的引导者、教学发展与改革的开拓者、科研的实践者、创新探索的指引者等。

（二）学科用户

通过各种形式的学科服务媒介获取自己所需知识信息的人或组织团体被称为学科用户。高校图书馆的学科服务对象多为教师和学生，而在学科服务过程中，高校图书馆要注重分角色进行学科服务。如教师在教学和科研双重要求下，需求的是专业的学科化的信息，而学生需求的是所学专业的学科知识信息。学科服务工作的主要特点就是面向学科用户需求来改变服务方式，因此，学科用户在获取知识信息的同时促进了学科服务的发展。当然，学科用户的研究成果也是学科服务产品的提供者。

1.学科用户的概念

在信息学领域中，用户通常是指接收信息服务的个体或群体。信息用户必须具备三个方面的特征：一是拥有信息需求；二是具备利用信息的能力；三是具有接收信息服务的行动。学科用户是信息用户的一个分支，是接受学科信息服务的个人、群体、机构或组织。学科用户一般通过学科服务平台、学科知识共享平台接受、获取、利用、生产、创新学科信息情报知识。对高校图书馆而言，学科用户有本（专）科生、硕博研究生、教师、科研人员、行政管理人员或者由这些人组成的某学科研究群体。

学科用户是学科服务系统中必不可少的组成部分，在学科服务系统中处于中心地位。他们的需求、支持、认可是将学科服务进行到底的支柱，他们对学科服务的评价与反馈直接推动着学科服务的进一步发展，也是改进学科服务质量和提高学科服务水平的依据。

2.学科用户的分类

高校图书馆曾经存在一些传统的用户分类方式，如从自然特征上将用户分为男、女；从学历背景上将用户分为大专生、本科生、硕士研究生。然而，现代高校图书馆用户的复杂程度已经远远超出传统图书馆的复杂程度，越来越多的高校图书馆用户成为具备信息技能等条件的网络用户。网络用户的信息获取不仅突破了地理空间的限制，而且还突破了时间的障碍，因此，有必要对网络环境下高校图书馆的用户进行细分。

对高校图书馆用户的细分有多种角度和方法：按组织形式，分为个体用户、机构用户；按身份，分为教师用户、教学科研用户、学生用户；按用户访问资源的途径，分为传统型用户（到馆访问）、网络型用户（网络访问）、到馆与网络访问混合型用户；按用户信息需求目的，分为探寻型用户、研究型用户、实用型用户；按用户与图书馆之间的关系，分为当前用户、潜在用户；按用户接受服务时间的长短，分为固定用户、短期用户、临时用户[①]。

然而，每种分类方式都是从一个角度出发的，难以多方位细致体现用户的特征。在互联网环境下，不论按哪种方式划分，每个学科用户都像是

---

① 滕广青，崔林蔚.大学图书馆网络用户柔性化细分[J].图书馆学研究，2017（2）：44-51.

多维空间中的一个点，在不同用户类群之间存在一定程度的交叉关系，需要更多维度的坐标才能表达出其详细的位置。高校图书馆学科馆员要意识到这点，以便更具针对性地开展个性化、知识化服务。王晓文等利用市场细分理论，突破传统学科用户研究方法，对高校图书馆的学科用户开展了市场细分实证研究，从而获得了成熟型用户群（非常需要学科馆员深入自己的教学和科研中，并为自己提供信息支持服务）、体验型用户群（较为关注学科服务内容与动态，但未深入了解学科服务）、保守型用户群（对学科服务持观望态度）、边缘型用户群（不了解学科服务，对学科服务动态很少关注或认为学科服务无助于自己的教学科研）四个子市场[①]。

3.学科用户的特征

学科用户是基于学科服务而产生的专属的用户群体，对学科信息资源的需求、对学科知识的渴望是学科用户产生的前提。学科用户具有不同于其他信息用户的特性。

第一，学科性。学科用户，顾名思义，是以其学科信息知识的需求而得名，因此，学科性成为高校图书馆学科用户的最显著特征，也是开展学科服务的逻辑出发点。学科用户的信息需求多以所从事的学科领域的知识信息为主，依据其所在高校的学科而成为不同的学科用户，有个人、学科团队、群体、学科研究组织等形式，有的还可再细分为多个二级学科或专业。相同学科的用户有着部分共同的学科信息需求，如学科图书、期刊、网站、数据资源的阅读或浏览、查询或利用，都对本学科的前沿、热点、重点、难点、发展趋势等感兴趣。学科服务团队只有充分挖掘与该学科或专业紧密相关的知识信息情报，才能满足学科用户的学科性要求。

第二，个性化需要。一方面，不同学科的用户需求不同，如理工科的师生更需要科技类信息，除需要中文图书、期刊外，还需要科技报告、专利、标准等；文史科的师生更需要文学、管理方面的信息，偏好图书、期刊、报纸等信息源；医学类的师生更需要本专业的相关文献，其他需求依师生个人兴趣爱好而定。另一方面，同一学科的用户，其需求也有区别，学科用户需求依据个人感兴趣的知识点或专业课、学术水平、情报检索技

---

① 王晓文，沈思，崔旭.基于K-Means聚类的学科服务用户市场细分实证研究[J].图书馆学研究，2017（9）：77-83.

术、理解能力、外语水平、发展意向等呈现出个体化、差别化特征。

第三，层次性。不同身份的用户，其需求不同。由于学科用户的身份、学历、知识结构、外语水平及使用文献的能力有所不同，其需求呈现出多样化、复杂性、层次性等特点。有的学科用户只需要了解图书馆有哪些资源，有的学科用户则需要专利、标准、科技报告甚至是某一主题、专题的国内外研究现状、发展前景；有的学科用户只需要索引或目录，有的学科用户则需要原文；有的学科用户只需要中文文献，有的学科用户则需要一种甚至多种外文文献；有的学科用户只需要收集、整理某学科相关信息，有的学科用户则需要对学科相关信息进行深层次的加工、分析、创造。

第四，动态性。一方面，同一用户不同阶段的需求也不同。由于所处学习和职业阶段的不同，同一用户的需求也存在很大的变化。例如，大一、大二学生对专业性学术信息的需求相对较少，注重社会热点、焦点问题，对深度要求不高；由于毕业和实习的需求，大三、大四学生会更关注专业对口的学术信息。再如，一般教师的需求以满足其教学和科研过程中的"知识要求"为目的，需要的是与专业和研究课题有关的信息，而资深教授、学科带头人的需求由高层次人才培养、科学研究、技术开发等业务工作决定，他们需要的是经过筛选、加工的知识信息和具有学术价值的国内外相关学科的最新成果。另一方面，学科服务行为的动态性决定了学科服务自身依学科服务环境的变化不断发展变化。从最初面对面的学科服务、传统的学科联络，到现在的网络社会、信息时代、泛在环境下的嵌入式学科服务，都要求学科服务通过不同途径和方式"融入学科用户的物理空间和虚拟空间"，嵌入学科用户学习和科研的整个过程，使学科用户随时随地享受图书馆服务。

第五，知识性。学科用户的知识性体现在资深教学科研人员对高价值信息的需求，如资深教授需要获取科研课题和项目的研究情况及发展趋势，权威研究机构的统计分析报告，学科相关领域的最新动态、科研进展、研究前沿、重点和热点、成果与思想、研究机构的会议和活动内容概述等。另外，关于学科用户对深层次信息的需求，图书馆能为其提供经过分析的专业信息服务。例如，图书馆能利用工具将信息检索、组织、分析和挖掘信息集于一体，加以过滤和筛选，为学科用户快速确立研究方向提供信息支持；在教学环节，教师希望获取整合后的课程资源，针对某主题或课程内容的学生信息素养指导，新开课程的教学调研，探究式教学中的案例存储及展示等；在科研周期中，资深科研人员希望获取数据仓储中的相关数据集及资料整理，项目申请及获奖成果中的查新及查证，研究过程中的数据整理分析及保管等。

（三）学科服务平台

学科服务平台是学科服务系统各要素的枢纽，学科服务平台的性质与功能决定了其能够将学科服务系统中的其他要素很好地连接在一起，是学科服务外在表现的具体形式。学科服务平台极大地扩展了高校图书馆学科服务工作的形式与手段。

1. 学科门户

学科服务平台中的学科门户包括我的学科、学科微信、学科百科、学科动态、学科人物等功能模块，不同层次的学科用户可根据需要选择合适的模块来使用学科服务。"我的学科"是学科用户使用个性化学科服务的基础；"学科微信"的服务模式是深入解答学术问题和交流心得，也包含一些学科常用资源的介绍和链接；"学科百科"用于呈现本学科词条，支持由学科馆员、师生来编辑，学科馆员最终审核，以便不同层次学科用户参与学科词条的深化和查阅；"学科动态"是对本校不同学科领域的新技术、新理论的变化进行持续而及时的跟踪，为科研提供服务；"学科人物"是对本专业领域代表人物的推介，可以让学科用户节省时间，掌握本专业前沿人物的研究状况，为自己科研的定题选题提供有效的帮助。总而言之，针对不同的学科用户，学科门户提供不同层次的服务，从基础到专业，满足不同层级学科用户的需求。

2. 学科导航

学科导航是以相关专业为单元，对有关学术资源进行收集、分类、组织和整理，建立分类目录式资源组织体系和动态链接检索平台，并发布于图书馆主页，为教学科研提供网络信息资源指向的信息集合网。这需要相关的软件系统才能实现，它可以深入网页抓取具体的内容，并将其集合成专题，为学科用户提供所需资料。

3.参考咨询

通过学科用户与学科用户之间、图书馆与学科用户之间的交互操作和资源整合等工作，学科服务平台支持学科用户在整个虚拟信息环境中高效地获取信息。通过学科服务平台，学科用户可向学科馆员咨询关于查收查引、期刊影响因子、科技查新等方面的问题。

（四）资源信息库

资源信息库除了有图书馆馆藏数字资源之外，还应该有专业机构的数据库，以及图书馆引入的其他高校的特色数据库。学科服务平台的开发，以及学科服务模式的拓展都离不开强大的资源信息库的支持。没有资源信息库，再好的服务模式也无从谈起。

二、学科服务系统的模式

（一）资源开放获取模式

资源开放获取模式包括以下几个方面：一是有出版资质的出版社将按照选题、组稿、编著或翻译、编辑或同行审读、加工、发行等流程出版的图书进行数字化加工，或者按传统出版流程进行纸本出版的同时，生产电子图书，并提供在线开放获取服务。例如，美国学术出版社主要出版美国国家科学院、国家工程院、国家医学院和国家研究委员会的相关研究成果。该出版社将已出版的纸本图书转化成电子图书，提供全文或部分章节的免费在线阅读。二是通过在线 OA 出版平台出版电子图书，并提供全文或部分章节的开放获取。例如，施普林格出版社的 "Springer Open" 项目于 2012 年宣布，用户可以在 Springer Link 上免费获取 Springer Open 出版的图书。三是个人或典藏机构、研究机构、商业公司将其收藏的图书在线张贴，并提供开放获取服务，如机构知识库。学科馆员的任务就是利用自己的专业敏感性搜集、整合、跟踪这些资料，为学科用户提供针对性服务。

（二）信息素养培训模式

信息素养是指个人能认识到何时需要信息，并能有效地搜索、评估和使用所需信息的能力。在信息与知识时代，信息素养成为个人综合素质和竞争能力的重要组成部分和关键变量。在互联网时代，培养用户的信息素养，以使其快速获取有效信息也是学科服务的重要环节。通过开设相关的文献检索和网络信息检索通识教育课、举办一小时讲座（专业数据库的使用）、走入学院（针对相关学科，讲授馆藏资源情况、开放获取资源、学科前沿与发展预测等方面的内容）、培训新生、信息素养大赛等方式提高师生的搜索能力，尽可能地为教学科研提供帮助。

（三）阅读推广、人文素养提升模式

高校读者的阅读活动正受到互联网及新媒体发展的冲击。面对来自专业学习和就业市场的压力，读者的阅读活动普遍存在碎片化现象，网络阅读、电子阅读为校园读者所热衷，这样的阅读倾向在很大程度上影响了读者人文素养的提升。如何激发读者的阅读兴趣并使其进行有效的阅读，成为高校图书馆的一个重要研究课题。各高校针对这一课题进行了有益的尝试并取得了很好的效果，如举办集中式的世界读书日活动；组织中外名著阅读比赛、读后感分享、中外名著影像影视展览等活动。同时，针对不同时期的时事新闻，及时组织相应的图书展、阅读展。

（四）情报产品产出模式

情报产品产出是学科服务的高阶服务。按学科发布数据库收录期刊的影响因子等信息，在数据库收录的期刊上发表文章产出报告；为学校科学技术处提供当月期刊网络版收录国内著名高校论文的统计信息；发布师生在 SCI、EI 收录国内外期刊的信息；发布国内中文核心期刊列表的信息等，个人、机构科研影响力报告，学校阶段性专利分析报告，科技前沿信息整合报告等。

三、学科服务系统的绩效评估

通过定性或定量的方法，对用户利用图书馆服务或资源后发生的变化进行评估。用户的接受与认可程度对学科服务的深化与发展起着关键作用。作为学科馆员服务的接受者，相关学科师生是学科馆员绩效评价的主体。具体评价指标主要涵盖以下四个方面。

（一）服务态度

学科馆员待人谦和、有礼，主动给予用户及时有效的帮助。

（二）对学科资源建设的满意程度

学科馆员能为相关学科用户提供查全率和查准率等于或高于其预期的针对性文献，并提供除纸质文献外的多种类型的文献；学科馆员能为相关学科用户提供各种经过加工、挖掘、学科情报分析的有价值的网络学科资源。

（三）信息素质提高程度

在学科馆员的帮助下，学科用户提高了对专业信息的获取能力、分析能力、加工能力、创新能力、利用能力和交流能力，对信息资源能够进行深度分析和知识发现。

（四）教学科研水平提高程度

通过学科馆员提供的相关专业的信息服务，学科用户在教学科研方面的信息需求得到有力的保障，提高了其教学科研水平。

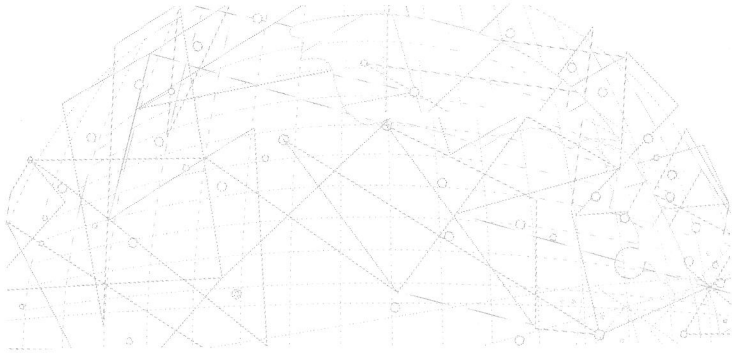

第三章　互联网时代的学科服务体系

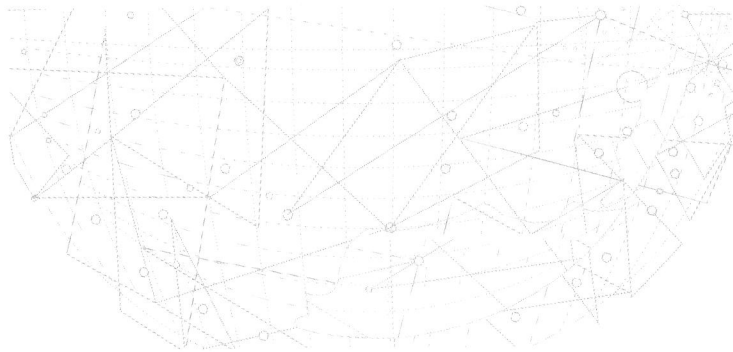

在互联网、信息技术的驱动下，用户科研过程所涉及的文献、数据、设施、活动和工具等信息对象全面呈现数字化趋势；E-science、E-learning等科研教学环境及用于知识交流的各种社交网络，促使虚拟研究环境逐步形成。这种电子科研和虚拟研究环境的发展给高校图书馆传统的服务模式带来新的挑战，它要求学科馆员能主动深入用户的教学科研活动中，为用户的研究和工作提供专业性和针对性很强的信息服务，而个体模式下的学科馆员已无法较好地适应个性化、信息化、深层次科研活动的整体需求，因此，开展多学科、多要素的集成化服务，进行学科服务的组织机构设置、团队建设、系统开发及信息管理是高校图书馆发展的必然需要。本章主要论述了学科服务机构的相关内容。

第一节　学科服务团队概述

一、学科服务团队的构成

团队是指为了实现某一目标而由互相协作的个体组成的正式群体。团队不仅强调个人的工作成果，而且还强调团队的整体业绩；团队不仅强调集体决策、信息共享和标准强化，而且还强调通过成员的共同贡献，得到实在的集体成果。集体成果超过成员个人成果的总和，即团队大于各部分之和；团队的核心是共同动力和奉献精神[①]。

英国约克大学图书馆在关系管理小组下组建了学科联系团队、教学和学习团队、科研支撑团队。学科联系团队作为图书馆与院系之间的桥梁，主要负责与院系沟通、了解读者需求、解答咨询、信息素养培训、用户意见评估、学科资源导航、馆藏资源建设等方面的工作。教学和学习团队关注的重点是如何为用户的教学和学习提供支持。该团队为用户提供嵌入课程的数字技能培训、通用信息素养培训、一对一用户指导、二线支持等；制作 HTML 和视频类的在线教程，用户可通过学科导航、Youtube 等方式

---

① 廉立军. 高校图书馆学科化服务机制研究 [M]. 北京：国家图书馆出版社，2015：52.

获取这些教程；设计培训 PPT 模板、设计培训内嵌教学活动、设计在线教学等，并建立专门的教学资源库，通过谷歌站点实现部门内部共享。科研支撑团队侧重于关注研究方向，负责提供开放获取服务、用户版权意识培养和培训、研究数据管理、文献计量服务及支撑研究过程的各种技能培训。立体化的学科服务架构使各个学科团队既可以明确分工，又可以实现有效的沟通与合作，为学科馆员在特定的领域发展专长提供保障，使每个学科馆员都有明确的主攻方向。

国内专家学者对学科服务团队进行了广泛的研究与探索。范玉红认为，学科服务团队以共同的学科服务目标为基础，由具有相同或类似研究经验、学科背景和明确分工协作的 3 ～ 5 人的学科馆员组成。学科服务团队的素质和能力体现为各学科馆员的品质、学习能力、人际关系能力、互补性知识及信息技术能力[①]。颜世伟认为，学科服务团队是依据图书馆员的学科知识背景而组建的以学科馆员为核心分组，以多元文献资源为基础，以揭示多学科信息知识单元并分级为拓展与延伸，以开展多元化、全方位服务来满足学科建设中多元信息、多元读者需求的服务团体和服务链[②]。

就我国学科服务现状来说，学科服务团队的建设是解决当前学科服务问题的突破口。目前，我国学科服务部（组）、学科服务基地、泛学科化学科服务体系等学科团队形式不断涌现。

学科服务团队从广义上来说包含两部分：一部分是图书馆学科馆员，他们是以学科服务为宗旨，以学科用户为对象，以信息服务为支撑，以团队建设为载体，集全馆资源之合力，为学科建设提供全方位信息需求保障的专业馆员群体[③]；另一部分是有责任、有义务支持学科馆员或者参与部分学科服务的非图书馆员的个人及组织。在大数据背景下，广泛分布于互联网和知识社区中的知识资源同样是学科服务所需要综合组织的要素。不同学科服务小组在具体服务时可能还需要负责学科资源联络、推荐、建设的馆员，知识情报信息收集、整理和创新的馆员，教学培训、技术支持和熟

① 范玉红.基于学科服务团队的高校图书馆管理机制 [J].图书馆学刊，2012，34（8）：18-20.

② 颜世伟.学术服务团队：高校图书馆学科化服务模式探索 [J].现代情报,2010,30（2）：62-64，67.

③ 廉立军.高校图书馆学科信息服务团队建设研究 [J].情报资料工作，2011（6）：75-79.

悉文献管理软件的馆员来参与，因此学科服务团队需要分工合作，确立整体性观念，追求全局最优，而不是个别最优。

图书馆领导应在考虑充分发挥每个员工的特长和积极性的基础上决定哪些馆员可以调整到学科馆员岗位。优秀的学科馆员不仅需要具有深厚的学科知识背景，而且还需要具有较高的信息素养及沟通协作能力，但考虑到目前国内高校图书馆人员的素质状况，图书馆可选择具有一定学科背景、责任心强、工作积极性高的馆员作为学科馆员，并适当延长人员培训的时间，也可选择能力超群的馆员作为学科服务小组负责人乃至学科服务首席顾问，或者作为团队管理和指导人员。而对于非学科馆员的人员（组织），其要有参与学科服务的热情，并具备相关学科的基础知识。

二、学科服务团队的人员分析

我们对高校图书馆学科服务人员加以分析可发现，学科服务团队的人员有其自身特点。

第一，学科服务人员的数量不均且不断变化。学科服务人员的数量最少的是刚建立学科馆员制度的复旦大学，其服务人员均为学科馆员，设置了文、理、数、医学四个学科服务组，现改为人文、理工、医学三个学科服务组；学科服务人员数量较多的是华中科技大学，学科馆员和学科馆员助理多达 60 人；学科服务人员数量最多的是清华大学，学科馆员、教师顾问和学生顾问共 82 人；专职学科馆员数量最多的是中国人民大学，六个学科服务组共设置 47 人。

第二，学科服务人员的来源不同。单一学科馆员队伍模式，即学科服务人员全部来自图书馆内部，有的仅为图书馆信息服务部或者数字资源建设部的人员，有的为采编、流通、信息、技术等多部门人员组成的队伍。这种人员组合形式以北京大学、复旦大学为代表。高校图书馆设立学科馆员服务梯队，如上海交通大学配备了"学科馆员—咨询馆员—馆员（阅览室管理员）"的服务梯队，推出一系列学科创新服务项目；同济大学组建了"学科馆员—咨询馆员—辅助人员"的服务梯队，制订了"双伙伴"计划，采取分层次、点面结合的学科服务模式，即面向全校师生的普遍推广型服务和针对重点学科科研团队的个性化知识服务。复合学科馆员队伍模式，即学科服务人员来自学校的大多数部门。学科服务人员的组成具有多元化的性质，学科服务人员不仅包含学科馆员、咨询馆员，而且还包含图情教授、图情专家、图情顾问、图情联络员、学科联络员、馆员助理。例如，武汉大学图书馆的学科服务人员源于信息服务中心、各院系资料室、各分馆学科服务组；清华大学图书馆的教师顾问和学生顾问遍布于各个院系。

　　第三，学科服务人员的能力存在差异。这种差异表现在个体自身各方面能力的不同。梁瑞华将学科服务人员的服务能力归为职业素质、基本知识结构素质、创新素质、信息挖掘和加工能力四类[①]。吴琦则借鉴营销理论中的4C's理论，提出了高校图书馆学科馆员为更好地履行其职责所必须具备的科研能力、决策能力、文献传播能力和协作能力[②]。宋姬芳对学科馆员从事学科知识服务应具备的相关知识和技能进行了梳理，提出学科馆员所需要具备的九个方面的能力，即专业学科、交流沟通、信息应用、信息技术、信息组织、信息素养教育、科学研究、指导并参与用户学术交流、相关法律，每个方面又细分成几项能力，如科学研究的能力分为获取本单位和目标单位科研动态的能力、跟踪所负责学科科研进程的能力、学科分析与评价能力。她通过调研、分析得出学科服务人员在元数据使用方面、向用户提供国内外研究成果出版与传播相关信息方面、提供有关信息开发和利用技术咨询服务方面、提供数字图书馆相关技术应用方面、组织特色（学科）资源库或学科机构知识库建设方面、向用户提供研究成果长期保存方法咨询方面、向服务用户提供版权法和知识产权法问题咨询服务方面的能力普遍较低。她还发现，学科馆员自身在未来2—3年内最希望提高学科分析与评价能力，推广学科服务的能力，整理、分析和提炼用户所需学科信息的能力，信息发现和文献检索技能[③]。

---

①　梁瑞华.高校图书馆知识服务体系研究［M］.开封：河南大学出版社，2010：330-337.

②　吴琦.基于4C's理论的学科馆员能力［J］.贵图学刊，2009（1）：12-13.

③　宋姬芳.学科馆员学科知识服务能力的建构与实证［J］.大学图书馆学报，2015,33（3）：68-76.

三、学科服务团队的角色

学科服务团队中的学科馆员这一角色处于核心地位，他们要参与多项业务，具有多重身份和角色，属于综合服务人员。随着信息技术、网络环境和用户需求的不断变化，学科馆员的角色及服务内容也在发展中不断调整。

2007 年，乔治娜·哈迪（Georgina Hardy）在集中研究学科馆员的角色定位时发现，学科馆员从单一个体到综合角色，再到专门的团队，不尽相同。她搜集的观点对学科馆员更好地适应当前的学术环境具有极高的参考价值。其主要观点具体如下。①学科馆员的角色应该强调文献加工、学术支撑活动对主流研究的贡献。②学术集中模式是未来的学科服务范式；基于今后学科馆员的工作，图书馆将更多地引入教育技术与虚拟学习环境（VLEs），如指导读者利用 VLEs 开发数字图书馆学习课件，因此提出一个更高层次的"虚拟馆员"的角色，它将为院系新课程搜集学科资料，并通过院系的服务器提供给学生。③在传统学科馆员职责的基础上增加学术联、编目和分类、资源管理、咨询、学科指南、用户教育，尤其强调教学支撑功能。乔治娜·哈迪主要将学科馆员服务功能分为两大块，即信息素养教育、联络与交流，并对学科馆员的角色进行了讨论[1]。

2008 年，约翰·罗德韦尔（John Rodwell）提出的研究观点很有代表性。他认为学科馆员是由传统学科馆员和分馆馆员角色演变而来的，这个混合角色更有发展潜力，同时也更加复杂，学科馆员尤其强调与教师的合作，以及直接深入高校的教学科研活动中，即把图书馆的活动嵌入高校学术项目中，而不仅仅是支持或瞄准它们。同时，他认为学科馆员角色的演变由高校的内外部环境共同驱动，因而它是动态发展的[2]。

不难看出，学科馆员的角色除负责馆藏建设、信息教育、参考咨询、

---

[1] Hardy Georgina, Corrall Sheila.Revisiting the subject librarian: A Study of English,Law and Chemistry[J].Journal of Librarianship and Information Science, 2007, 39（2）: 79-91.

[2] Rodwell John, Fairbairn Linden.Dangerous liaisons? Defining the faculty liaison librarian service model,its Effectiveness and sustainability[J].Library Management, 2008, 29(1/2): 116-124.

院系联络外，还对学术交流与教学科研活动起支撑作用。

在国内，中国科学院国家科学图书馆形象地将学科馆员比喻为"战略顾问""社区民警""私人医生"，所有学科馆员都要承担的必选角色包括以下几个方面。

（一）咨询馆员

学科馆员要参与各种咨询服务并担任相关学科的电子资源责任馆员。通过在一线提供咨询服务，学科馆员能直接了解读者最真实的需求，了解读者在利用图书馆的过程中遇到的困难，从而开展有针对性的服务。此外，为对口院系师生提供专业的咨询和辅导，也是学科馆员承担的重要任务之一。

（二）需求发现者

学科馆员要敏锐地侦察和发现读者需求，一旦发现，就要选择和判断是否有相应服务能满足这些需求。如果现有服务尚不能满足用户的这些需求，则需要及时向图书馆提出建议。

（三）需求引领者

学科馆员要主动将图书馆服务信息传递给读者，引领读者来图书馆。而当读者尚未意识到有某种需求时，学科馆员还要通过各种积极手段来激发读者产生需求或帮助读者将潜在的需求揭示出来。

（四）培训馆员

学科馆员要参与大量读者培训活动，从新生入学到教师培训、从实用讲座到规范的学分课程、从吸引读者来馆培训到上门培训，其服务无论是在内容上，还是在形式上都非常丰富。

（五）学科资源建设参与者

学科馆员要深入研究相关学科的资源状况，参与资源编目与整合，负责搜集、整理、鉴别相关学科网络资源，编写学科指南类资料，建立并维护学科专题网页，通过这一系列工作，为相关学科用户提供专业的学科指引与导航。此外，学科馆员要与各院系保持畅通联系，努力促使院系与图书馆合作共建电子资源，在学科资源建设方面发挥不容忽视的作用[①]。

除上述必选角色外，学科馆员还可以根据自身条件和所服务院系的特点选择完成其他任务。例如，协助学校相关机构进行学科发展评估、一流高校建设与评估；参与完成相关学科的科技查新；为对口院系重点用户或重大课题提供文献层面的特别帮助；负责图书馆学生顾问的联络与组织，通过学生顾问加强面向学生的服务工作，同时让更多学生参与图书馆建设；参与图书馆主页建设和相关内容的编写等。每位学科馆员虽然不可能在所有领域面面俱到，但是可以在必选角色和任选角色的结合中寻求自己的最佳位置，在高校的教学、科研过程中依靠数字工具或平台为研究者提供信息的发现、加工、传播、管理、利用、创新、保存等，扮演好学科信息发布者、信息资源管理者、知识创新者、虚拟交流组织者等多重学术合作伙伴的角色。

四、学科服务团队的职责

学科服务团队中设有联络活动馆员、参考咨询馆员、课程支持馆员、培训设计馆员、情报分析馆员等岗位，他们各司其职，分工合作，为用户提供多种学科服务。学科服务团队的职责主要体现在以下几个方面。

（一）学科联络

学科服务团队要了解对口院系师生的根本需求，同时熟悉图书馆所能提供的服务，知己知彼，从而更有针对性地将图书馆服务送达有需求的师生身边，促使师生及时了解服务内容，并在有需求时能够想到利用图书馆。学科服务团队为用户找到可利用的服务，为服务找到可应用的对象，在两者之间发挥纽带与桥梁的作用。

---

① 邵敏.清华大学图书馆学科服务架构与学科馆员队伍建设[J].图书情报工作,2008(2)：11-14.

（二）学科咨询

当师生在获取和利用图书馆各项服务过程中遇到困难时，学科服务团队要提供帮助与指导，引领其充分利用这些服务，并在此过程中进一步形成正反馈，激发用户的更多需求，将新的需求带回，通过整个学科服务团队提供更深层、更到位的服务。

（三）学科教育

学科服务团队要不同程度地亲身参与学科服务中的各个环节，尤其是用户教育和培训服务（信息素养、数据素养、科研素养教育及数据资源库的使用培训）等优势领域。学科馆员只有真正参与各项实际业务，不断积累实践经验，才能在服务师生过程中为用户提供切实有效的帮助。

（四）学科资源建设

资源是学科服务的基础和保障，没有资源，服务便无从谈起。学科馆员要充分利用自身的学科、信息技能优势，收集和整理、组织和创新相关学科的前沿知识信息和研究动态，建立、更新和充实学科导航、学科资源库、学科信息门户、学科服务平台等。

（五）学科信息服务

学科信息服务是学科馆员工作的着重点。学科馆员通过与院系师生的广泛接触、对相关学科资源的熟悉与研究、对各种沟通渠道和宣传技巧的掌握，以及对业界最新动态的了解与跟踪，在高校图书馆业务发展和资源建设中发挥着重要作用。这种作用虽然不会立竿见影，但是通过持续的渗透和高质量馆员的塑成，会使高校图书馆的形象和地位不断提升，而高校图书馆的进步必将为全校师生带来更长远的利益。

五、学科服务团队的建设

从单一学科馆员到学科馆员队伍再到学科服务团队，他们在进行学科服务时会碰到如下问题。

首先，无论专职团队还是兼职团队，在开展工作时都存在着一定的局限性，学科服务工作有时会与图书馆业务部门的其他工作发生冲突。一方面，图书馆缺少专门机构来组织、推动、深化学科服务工作；另一方面，学科服务工作需要较多精力与集中时间的投入，且工作成效不易在短时间内显现，这导致学科服务的暂缓、停滞或零散。

其次，学科服务人员在科研课题申报、学术论文撰写方面经验不足。一是图书馆科研动力不大，二是学科服务人员自身学术科研素质有待提升。这种学术科研素养的欠缺导致他们在为用户的教学科研实践提供服务时，往往出现双方信息不对称、无法深刻准确领会用户的科研需求等问题。

最后，图书馆对学科服务质量的考核较为缺乏。很多时候图书馆只对学科服务人员个体进行年底的模糊考核，对整个学科服务团队进行业绩考核的图书馆极少。因此高校图书馆要加大学科服务团队整体绩效考核的研究与实施力度，不断完善学科服务的考核细节与可操作性，要从以往的单层次服务质量评估、绩效评估逐步向学科服务成效评估转变，对学科服务工作做出多维度多层次、及时客观、准确的评估。

针对上述问题，学科服务团队的建设应采取如下措施。

（一）建立健全学科服务组织

建立健全学科服务专门机构或部门，在组织结构、制度、管理体制上为学科服务营造良好的环境；整合全馆资源，以学科服务为主线，注重学科服务团队与图书馆各部门之间的分工协作，以学科资源建设与服务统领图书馆各部门的业务工作，并组建高素质学科服务团队。学科服务团队可大致分工建设成学科知识服务小组、资源建设服务小组和学科用户培训小组。学科知识服务小组主要提供科技查新、专题定题跟踪、文献信息检索、情报分析等服务；资源建设服务小组负责了解学科研究热点、学术趋势，推送学科动态和建设学科服务平台资源；学科用户培训小组则开展数据库讲座、资源利用培训、用户素养提升讲座等活动。

（二）提升学科服务团队的整体学术科研水平

第一，引进高水平人才。学科服务工作的专业化、个性化、知识化、深入化需要学科服务人员具有较强的学术科研实力，高校图书馆领导要有针对性地引进、培养既有学科专业背景又熟悉图书馆信息服务业务的专业人才，逐步加强重点学科领域学科服务团队的建设。

第二，学科服务团队必须加强自身的业务学习。学科馆员要积极申报各级各类科研课题，撰写相关论文，建设学习型学科服务团队，加强自身科研素质。目前，各高校图书馆对主体服务人员中学科馆员的培养一般有进修学习、外出培训等模式。进修学习的方式受限于名额、经费等因素，外出培训则存在学习时间不够且不能形成体系等问题。因此，图书馆可以通过建立以"互联网＋教育"为主的多样化培养体系来培养学科馆员；可以组织学科馆员参加数据库商提供的各种网络培训；可以组织学科馆员学习有关图书馆学、情报学的MOOC课程；可以精选各高校图书馆信息检索方面的名师课程，录制名师授课中最精彩的内容，分发给各个学科馆员并使其进行自学。

第三，学科服务团队知识共享。互联网环境下，社交媒体、即时通信等新媒体成为高校图书馆学科服务团队知识传播和共享的重要途径。新媒体给学科服务团队的沟通模式带来了新的变革。知识在新媒体环境下呈现出多元化的表现形式，如视频、文本、音频、动画等。新媒体的交互性、移动化、情境性等特点改变了学科服务团队知识共享环境，学科服务团队成员之间，以及学科服务团队与学科用户之间通过新媒体平台不断地、循环地进行知识共享，形成特定的合力推进学科服务团队成员的共同进步。

（三）适应信息社会的发展，嵌入服务用户全过程

在深入了解服务对象重点学科领域、专业发展情况的基础上，对学科研究动态、研究热点、重点、前沿、技术发展方向及学科文献需求特点进行全面把握，与学科用户共同成长、共同进步。另外，通过各种信息交流手段，及时了解和解决用户在学科文献信息资源方面遇到的问题，清除用户在教学科研上的资源障碍。

（四）建立健全学科服务绩效考核指标体系

图书馆既对学科馆员个人进行绩效考核，也对学科服务团队整体进行

绩效考核；学科馆员既有个人自评，也有学科用户对其进行客观公正的他评。

第二节 互联网时代的学科服务系统

一、互联网时代学科服务系统的构成

借鉴上述学者的思想，笔者认为高校图书馆的学科服务系统由三个层级、七个要素和两个模块相互联系、相互作用，并通过一定的关联和制约方式结合而成。

三个层级分别是人员层、资源层和环境层。其中人员层是核心，尤其是学科用户，他们的需求是学科服务的出发点；资源层是基础，是学科服务团队提供一切服务的根本；人员层和环境层分别受到资源层的制约。七个要素分别是属于人员层的学科用户、学科服务团队、学科服务管理者；属于资源层的学科资源库、学科共享知识库；属于环境层的学科服务平台、学科研讨空间。其中学科用户是学科服务的客体，一切服务都以学科用户为中心。一般来说，依据人员构成，高校图书馆的学科用户可分为行政管理人员、教学科研人员、学生；依据所需信息的层次，高校图书馆的学科用户可分为一般学科用户、重点学科用户、深层次信息学科用户。

学科服务团队是学科服务的实施者和执行者，是学科服务系统中的关键要素，其中学科馆员是提供学科服务的主体，一般由具有专业素养的学科馆员定向为学科用户提供服务。学科服务团队的整体素质在一定程度上决定了学科服务质量，仅凭个人或少数人根本无法完成互联网时代高要求的学科服务，它需要包含多种职能、多重身份、多种学科专业背景、多种技能的复合型人才的共同努力。学科服务管理者是实现管理的群体，一般由分派管理图书馆的学校直接领导、负责业务的图书馆馆长、学科服务团队内部领导组成，他们合力负责学科服务工作，负责图书馆活动的全面规划、组织、控制、协调、评估等。

　　学科资源库是学科服务赖以存在的必要条件，包括图书馆的纸本资源、电子资源和开放网络资源。图书馆丰富、多元、高质量的馆藏是学科服务的基础与前提，也是学科服务系统的关键要素之一。它是高校图书馆根据学科或专业的应用、研究和参考所收集、组织、分析、创新、完善继而保存的文献资源与学科知识信息资源，必须满足和完全支持学科教师教学辅导，包含教研人员了解本学科前沿动态、发展动向、知识创新的深层次学科课题、课程、专题的文献信息资源。

　　学科共享知识库是在学科资源库的基础上根据学科分类对其进行加工整理后的产物，主要用于同一学科内容的共享学习和建设管理。它既可以是一个学校的共享知识库，也可以是同地区、同类型高校的共享资源库。随着新媒体技术的发展，微博、微信、虚拟社区等新媒体成为高校图书馆学科服务团队进行知识服务和交流共享的重要平台；学科服务团队借助新媒体向学科用户共享、传递知识，高效完成学科服务工作。

　　学科服务平台既能揭示馆藏学科资源实体，也能链接虚拟学科导航资源；既是学科资源的组织管理平台，也是学科信息发布、馆员与用户共同交流的平台。它是一个以全面的数字技术为支撑，人、数据、信息、设备和工具交互作用且功能完备的"社区"，并具备空前的计算、存储和数据传输能力。从现有图书馆学科服务的实践来看，学科服务平台既有物理空间平台，也有虚拟网络技术平台。

　　在学科研讨空间，如学习共享空间、信息服务研讨室、交流处，用户既可以自我学习，也可以与学科馆员进行交流沟通。如上海交通大学的"信息共享空间""创新社区"。

　　两个模块分别是用于管理安全性、隐私性、文明性和道德规范的学科服务组织机构，以及用于评估学科服务实际效果、提供学科用户反馈意见的学科服务评估机制。学科服务组织机构是学科服务系统的组织管理要素，它在学科服务工作过程中合理地配置学科服务的人力、物力和财力，保障学科服务工作的顺利开展，直接影响学科服务工作的质量。学科服务评估机制有学科馆员自检、部门自检、被服务部门的检查监督、用户的定期和不定期评价，包括对时间进度、完成质量、费用支出、发现的问题及解决方案等情况的汇总、沟通。学科服务评估机制可以使图书馆发现学科服务的不足之处和制约学科服务工作发展的因素，规范学科馆员的行为，提升学科服务的质量和效率。学科服务绩效、成效的评估和控制，可用于指导学科服务在不偏离预定目标的情况下做出积极调整。

学科服务系统不是各个部分的机械组合或简单相加，它是一个有机整体。同时，层与层之间也不是孤立存在着的，每个层在系统中都处于一定的位置，起着互相联系、互相依赖的作用。

二、互联网时代学科服务系统的运行

学科服务系统的正常运行离不开学科服务工作流程的设计，学科服务工作的正常运转又离不开学科服务系统中最核心的要素——学科用户。没有学科用户，学科系统就成为无源之水。因此，在整个工作过程中，高校图书馆要探索更加高效、低耗的学科服务方式，增加用户对学科服务的认知度、信任感和忠诚度。这个工作可借助武汉大学的成功经验，从服务营销的视角出发，将学科服务传递至学科用户身边。武汉大学图书馆开创的学科服务理念可以概括为"SERVICE"，其中 S 代表 sincere（真诚），E 代表 expert（专业），R 代表 rapid（快速），V 代表 value（尊重），I 代表 interaction（互动），C 代表 cooperate（合作），E 代表 easy（简单易用）。这种理念集中传达了以用户需求为根本出发点，通过多方合作向用户提供专业的、及时的、便于使用的教学与科研辅助的思想。

学科服务系统的正常运行大致分为以下几个主要步骤。

第一，学科服务管理机构确立学科服务基本方向，包括学科服务远期、近期目标，工作思路，方式方法，服务模式等，以免浪费人力、物力资源。它既接收学科用户的需求、反馈，又掌控着学科服务的各项工作方针政策。

第二，成立学科服务工作小组，对现有图书馆学科服务情况，学科馆员队伍、学科服务小组的核心能力，外界环境，学科用户需求等状况进行细致的调查分析，寻找学科服务的切入点。

第三，设定学科服务具体工作流程。学科服务团队或学科馆员个体通过具体的工作流程完成学科服务工作的某个方案、任务，制订出详细的工作计划，包括责任任务分解、工作预计完成目标、工作预计完成时间等的确认。

第四，在学科服务中期与学科用户进行沟通。与学科用户密切联系、交流，就学科服务中遇到的问题与用户协商，对不妥之处进行修正和改善，使学科服务更贴近学科用户要求、更具针对性，提高学科用户满意度。

第五，在学科服务后期跟踪学科用户。把学科任务完成情况反馈给学科用户，包括列出完成学科任务的途径、成果，对后期需要充实、修改的情报资料、文献信息加以补充、加工分析和创新。

第六，评估学科服务质量。学科服务管理机构制定出学科服务监督与考核办法，然后通过学科服务小组、学科用户、学科馆员自身等对学科服务的成效进行评估，以便总结经验，吸取教训，更好地开始下一个服务流程。学科服务状况、学科服务结果由学科用户反馈，他们也可向学科服务管理机构、学科服务小组或学科馆员反映学科服务进展、效果等。

信息技术给这一流程的实施提供了极大便利，在移动、信息、网络环境下，学科服务团队可以通过数字化技术共享文件、课件、档案、方法等资源。在学科服务的评估与反馈方面，国外典型代表是匹兹堡大学图书馆，它利用研究图书馆协会的 LibQual 系统建立匹兹堡大学图书馆自评估体系，利用 DeskTrader 数据建立服务基础。另外，它使用 SAIL 系统对学生的信息素养进行测试[①]。从2011年开始，匹兹堡大学图书馆就已经特别强调服务评估与反馈，要求服务内容与服务基础设计、文献交流与开放获取、资源保障能力建设，以及组织机构建设等工作都必须基于各种评估结果进行。

三、互联网时代学科服务系统面向的学科用户信息需求

（一）学科用户信息需求的概念

信息需求是人的基本需求。根据马斯洛需求层次理论，可以将人的需求分为五个层面：生理需求、安全需求、社交需求、尊敬（自尊和受他人尊敬）需求、自我实现需求。随着这五个层面的需求的加强，人的信息需求也相应地增强，并呈现出层次性。

人的信息需求依据不同的标准可分为不同的类型。按信息需求的实现

---

① 王春明，张海惠，徐鸿，等.匹兹堡大学图书馆系统学科服务新进展：建立支持科研与教学的学科化服务体系[J].图书情报工作，2013，57（10）：58-62.

目的，可将信息需求分为日常生活需求，如物质、精神生活方面的需求；工作需求，如工作环境、业务素质方面的需求；社会化需求，如社会观与价值观、社会的自然环境、社会地位、社会行为规范方面的需求。按信息需求的表达和认识程度，可将信息需求分为现实信息需求、潜在信息需求和未知信息需求。其中现实信息需求是信息用户已意识到并将其表达出来了的信息需求；潜在信息需求是用户目前没有被满足或未能表达出来的潜意识下的信息需求，它与现实信息需求相对应而存在；未知信息需求是客观存在但尚未被认识的信息需求。按用户类型，可将信息需求分为个人信息需求和群体（组织）信息需求。个人信息需求多种多样，群体（组织）信息需求是为实现群体（组织）目标、任务而产生的一系列信息需求。按信息内容，可将信息需求分为知识型信息需求、消息型信息需求、数据事实与资料型信息需求。

学科用户信息需求指学科服务的特定对象——学科用户，对学科信息的认识、感知与表述，以及信息查询、信息交流、信息选择、信息吸收、信息加工、信息创新等方面的需求。

（二）学科用户信息需求的特点

由于学科用户呈现出与其他用户不同的特点，再加上学科用户信息行为、信息需求的变化，学科用户的信息需求各具特色。一般来说，互联网时代，教学科研用户的信息需求特点主要有以下几个方面。

（1）集成化。用户可以按主体客观需求在网络环境下集中获取所需信息，使信息交流、信息查询、数据获取、全文阅读和信息发布集成为多功能、多渠道、多方式的信息需求与服务利用行为。

（2）综合化。在现代社会的网络化环境中，用户越来越需要图书馆为其提供内容全面、类型完整、形式多样、来源广泛的信息。

（3）高效化。工作节奏的加快，信息处理和利用状态的优化，以及网络信息组织与传递方式的变化进一步激发了用户对高效化信息服务的需求。

（4）个性化。现代化的网络和先进的信息技术为用户构筑起一个高速的信息通道和广泛分享信息的机制，并且为每一个用户提供了展现个性化信息需求的空间和满足个性化信息需求的有效途径，从而使每一个用户可以不受时间、空间的限制来获取所需信息，个性化重点表现在信息获取、信息发布、信息交流和信息咨询四个方面。

高校学生的信息需求特点主要是专业化、单调性和广泛性。具体来讲，首先，他们所需信息的类型比较单一，主要满足其专业学习任务的完成、考级考证方面的需求；其次，获取信息的渠道比较单一，获取信息的主要方式是借阅、购买和资料复印，以及在图书馆网站搜索、下载所需资源；最后，他们对信息检索、信息加工的技术要求不高，对文献信息资源深加工、创新方面的要求较少。

（三）学科用户信息需求的内容

1.教学科研用户信息需求的内容

教学科研用户是学科服务的重要对象，了解其需求是开展学科服务的前提。笔者在实践中发现了如下问题。

第一，对原始文献出处及其全文的需求是教学科研用户最基本的需求。教学科研用户不论开展何种类型的教研项目，面对海量的网络资源，他们都难以鉴别网络资源或者没有足够的时间来筛选网络资源，同时真正的学术资源受制于商业数据库或者需要教学科研用户付费使用。因此，教学科研用户对原始文献的需求显得非常迫切。

第二，把握所在学科专业领域的前沿发展态势，跟踪学科研究动态，清楚了解学科热点、重点和难点。这是教学科研用户确保其所从事的教学能与时俱进，所从事的科研项目、课题具备前瞻性和创新性的前提，也是教学科研用户修正自己教学研究的内容及侧重点，以及推动科研进程、提高科研效率的有效途径。

第三，个性化知识及信息环境的构建。在当今移动信息社会，提供信息、挖掘信息、发布信息的无形网络，是教学科研用户对外互动交流的窗口，也是教学科研单元门户向外展示其教学科研活动与成果，不断扩大其影响力的便捷渠道。

第四，不断提升自身信息素养的需求。信息素养是指用户能迅速地筛选和获取信息，准确地鉴别信息，创造性地加工、处理和利用信息。它包括利用信息工具和信息资源的能力，选择、获取、识别信息，加工、处理、传递信息并创造信息的知识、能力和意识。另外，现代信息技术对教学科研用户的信息素养提出了更高要求，如对网络聊天软件、数据下载工具、Excel、Photoshop、Matlab、Endnote 要有一定程度的了解。

具体来说，教学科研用户的学科服务需求概括如下：文献调研、查新、专利分析、学科信息推送等科研支持服务，教参、嵌入式教学等教学支持服务，查收查引、文献计量等认证评估服务，文献传递、资源推荐等文献保障服务，深度学科情报咨询服务，投稿指导、机构知识库、开放获取等出版服务。此外，身为管理者的用户还需要战略情报、学科分析、人才评估等决策支持服务[①]。

2.在读学生用户的信息需求

高校学生的信息需求是由他们的学习任务决定的，硕博研究生在读期间要承担一定的教学科研工作，从某种意义上说，他们是处于成长中的潜在用户。高校学生信息需求的内容包括以下四个方面。

第一，学科化信息整合需求。一般来讲，高校学生所需信息的类型比较单一。大多数学生需要教科书、专著、参考书、工具书等传统的纸质资源；高年级学生逐渐偏向通过网络的方式使用图书馆的便捷服务，以便获取更加专业化、知识化的学习资源，如图书馆针对教学资源汇编的二次文献、专业学科的文字讲义、授课视频、练习作业、考试模拟题等，高校学生对这些资源的查阅和下载的需求剧增。

第二，快捷交互共享平台需求。随着现代信息技术的快速发展，高校图书馆越来越不能像传统的图书馆那样，仅凭图书馆自身的馆藏来满足学生的所有需求。这就要求高校图书馆从互联网平台或者共享社区虚拟空间等获取资源来满足学生的需求。社区虚拟空间的产生使人们的生活、娱乐、休闲环境发生了彻底的变革，同时也为学生的创造性学习提供了条件和空间。学科馆员的在线交流沟通和图书馆动态信息的定制日益受到高校学生的青睐，这既可以使其在面对庞杂的网络信息时不慌乱，又可以使其在第一时间得到较为新颖的经过研究、筛选与分类的学科动态信息。

第三，舒适的环境需求。图书馆是学生的第二个学习场所，学生来图

---

① 刘敬芹，祝小静，单向群，等.高校图书馆学科服务用户需求调查分析：以中国人民大学读者为例[J].图书理论与实践，2016（6）：75-80.

书馆的主要目的是查阅、学习和思考。一个安静整洁、取阅方便、布局合理、舒适敞亮的环境，能给学生带来身体上的愉悦、精神上的享受、身心上的放松，同时还能使学生更快地静下心来进入知识的海洋、融入学术人文环境。

第四，有针对性的信息检索技能培训需求。信息社会对信息资源获取、信息资源利用的技能要求越来越高。为了节省文献资源的查找时间，避免无谓的重复劳动，并在课程论文、毕业论文撰写之前对专题文献查全查准，高校学生有必要强化其信息检索能力。另外，由于系统更新、技术更新、软件升级等带来的信息不对称，以及新生、留学生、少数民族学生等用户之间数字鸿沟的存在，针对高校学生的相关信息技术培训是不可少的。

具体地说，本科生的学科服务需求有文献检索课程、培训讲座等信息素养教育需求，以及资源与服务推介、咨询服务、学习支持、阅读推广、互动交流等学习需求；研究生则兼具学习需求和科研需求，研究生群体在学习周期（课程学习、研究方法学习、学术活动、实习求职、毕业论文）及科研周期（选题、资源收集、研究分析、研究成果展示、论文写作、论文发表）都有学科服务需求，如定期推送图书馆的新资源、新服务，研究生信息素养培训、专业数据库使用培训，设立论文写作中心、学习研讨空间和创意活动空间，提供论文写作和科研项目辅导，开通校外访问权限。

（四）学科用户信息需求的类型

学科用户的信息需求与其所处的社会背景、工作学习环境、知识学历结构、研究方向、信息素养、职称、表达能力等密切相关。

1.按信息内容划分

按信息内容，可将学科用户的信息需求划分为知识型信息需求、消息型信息需求、数据事实与资料型信息需求。

（1）知识型信息需求。知识型信息包括专业知识信息、科技知识信息、管理知识信息、网络知识信息等。它构成了学科用户信息需求的"主干"，成为推动学科用户工作学习的动力和解决学科用户具体问题的必要条件。

（2）消息型信息需求。消息型信息包括人类社会活动的报道、重大新闻事件、市场经济信息等。它是一种动态信息，供用户制定策略、做出决策时参考。

（3）数据事实与资料型信息需求。数据事实及资料型信息包括自然数据、统计数据、组织机构情况、某一事件的原始记载等。它是一种静态信息，方便用户查证、校核某一事实，具有重要的参考作用。

2.按表述状态划分

按表述状态，可将学科用户的信息需求划为显性信息需求和隐性信息需求。学科用户信息需求可划分为三个层次。第一层是客观层，它是一种不以用户主观意志为转移的客观需求状态，是一种最隐蔽的信息需求形式，受用户所处的社会背景、工作环境，以及用户的职业性质等客观条件影响。第二层是认识层，学科用户在实际工作和环境中认识到自己的信息需求，受学科用户自身的知识结构、信息素养、信息服务主动程度等因素影响。第三层是表达层，学科用户经过一定思考，把自己的信息需求表达出来，受学科用户的认知能力、表达能力、逻辑组织能力，以及信息服务工作交互程度等因素影响。其中第一层和第二层为隐性信息需求，第三层为显性信息需求。显性需求指学科资源建设、学科信息发布、常规性的信息检索等方面的需求。隐性需求是学科用户目前没有被满足或未能表达出来的潜意识下的信息需求，是与显性需求相对应而存在的，如通过分析学科用户的有效信息行为、挖掘用户的兴趣点等方式来探究用户的潜在知识需求①。

3.按信息的使用迫切程度划分

按信息的使用迫切程度，可将学科用户的信息需求划分为刚性需求、柔性需求、拓展性需求和条件性需求。

（1）刚性需求。刚性需求是学科用户在教学科研过程中最基本的需求，包含文献资料借阅、书刊借阅、文献传递（馆外文献的获取）、咨询检索等。

（2）柔性需求。柔性需求是学科用户较高层次的需求，包含信息素养提升、文化传承、图书馆空间再造、学科馆员的查新查引等。

（3）拓展性需求。拓展性需求是学科用户最高层次的需求，其价值性更强，包含情报分析、数据管理、嵌入教学、支持科研、创新辅助、机构知识库建立等。

---

① 于曦，高洁.基于用户需求的高校图书馆嵌入式学科服务策略研究 [J].情报理论与实践，2014，37（5）：73-76，82.

（4）条件性需求。条件性需求是学科用户信息需求满足的最基本条件和保障。这种需求实际上是一种外部条件的需求，包含学科馆员队伍建设、图书馆规章制度建立等，其目的是完善学科服务机制，保障学科服务的高效生态管理。

4.按信息的使用渠道划分

按信息的使用渠道，可将学科用户的信息需求划分为获取信息的需求、利用信息的需求、发布信息的需求、交流信息的需求。

（1）获取信息的需求。学科用户获取信息的需求包括学科用户获取原始信息的直接需求、获取各种信息线索的检索需求。从需求对象来看，它既包括对各种形式的文献、图像、数据、事实信息和实物信息的需求，也包括对存贮、揭示与检索这些信息的网络工具、系统和非网络工具的需求。例如，对教学科研人员来说，他们往往时刻关注学科发展的最新动态和前沿成果、研究机构的会议和学术活动的成果，对新成果的信息收集较为重视；在科研工作的课题准备与立项阶段，他们需要获取在本学科或专业领域全面反映课题相关研究成果、状况和水平的信息，发现并组织课题研究的线索和思想，围绕课题论证，综合各方面的信息资料，提供指定研究方案的科学依据；在课题研究阶段，他们还需要获取有关的事实与数据，从非正规文献信息源中找出反映科研进程和经济建设真实情况和发展趋势的文献，以解决课题研究中的具体问题。

（2）利用信息的需求。利用信息是学科用户获取信息的目的。学科用户将所获信息不断地进行整理、加工、分析、创新，整合为学科用户内在信息，满足自身信息需求。利用信息时，学科用户的感知、思维、兴趣、偏好、学科背景等都会影响用户对所获信息做出判断、评价等行为；信息环境，如学科馆员提供的信息情报、学科专业数据库的资源是否吻合、易得，信息工具、平台是否简单快捷都会影响学科用户的信息利用效率。

（3）发布信息的需求。发布信息的需求是指学科用户向其他个体或外界发布、传递相关信息的需求，包括对外发表研究成果、发布业务信息、公布有关数据等。发布学术信息的主要媒介可以是纸质型学术期刊、图书、会议论文、政府出版物等，随着互联网的出现，发布信息的网络媒介形式越来越多样化，既有类似于传统印刷出版物的网络图书、网络报纸、网络期刊，也有如博客、网络论坛、电子公告牌、电子邮件列表等全新的形式。

为了降低研究成本、活跃学术氛围，学科用户还可创建一些符合自身需求的学术论坛和社区，如小木虫、丁香园、爱思想。在这些学术论坛上，学者及学术新人提供相关学术信息，多向交流成为不可或缺的环节，这些论坛和社区在某种意义上就是学术圈的形象化呈现。

（4）交流信息的需求。信息交流是指人们借助相应的符号系统进行知识、消息、数据、事实等信息的有效传递。与发布信息需求不同，学科用户的交流信息需求是一种双向信息沟通需求，即学科用户与他人进行信息沟通和交流的需求。

现阶段，以文献信息交流为主的交流方式主要有以下几个优点：信息能够扩散到广泛的用户群；信息更为详尽，如能够较好地表现研究方法、图表数据；文献信息一般经过同行评议，更为可靠。随着互联网的出现和应用，新型互联网络又为人类提供了一种全新的信息交流方式，流行的网络交流工具，如电子邮件、网络论坛、电子公告牌，成为学术信息交流的重要阵地。

图书馆应利用信息技术加强与用户交流平台的建设，构建并推出学术社区。图书馆提供各种数字化资源以及经过分析的专业信息服务，为科研人员提供一个新的学术交流和知识共享平台；用户的参与可保证学术信息的专业性与知识性，经由用户知识交流产生的机构知识库、用户信息库等，也可以让用户找到归属感；学科服务团队与用户在平台上创造需求，彼此交互，相互满足需求。

四、互联网时代学科服务系统面向的学科用户信息行为

（一）信息行为概念

信息行为的研究最早起源于国外。一直致力于信息行为研究的英国情报学学者 T.D.威尔逊（T.D.Wilson）认为，信息行为源于用户意识到的对某种需求的认知，是指与信息资源和信息渠道有关的人类行为，还包括与他人的交流。他认为信息查询行为、信息检索行为、信息利用行为均是信

息行为的组成部分①。

胡昌平在1988年提出了研究用户信息行为的必要性②。张国海等认为，信息行为是在动机支配下，用户为了达到某一特定目标的行动过程③。

综上所述，信息行为是心理、需求和能力调节下的一系列信息活动，包括信息需求、信息交互、信息查询、信息检索、信息选择、信息加工、信息发布、信息使用、信息共享、信息吸收和转化等。

（二）学科用户信息行为的特征

学科用户的信息行为是依其信息心理，不断接近信息需求目标的行为抉择活动。在信息心理的作用下，学科用户的信息行为特征主要表现在以下几个方面。

1. 信息工具的易用性倾向

数字化信息的易复制性和超链接等先进信息技术使网络信息表现得更加直观，获取更加方便快捷。学科用户为了追求高效率，倾向于选择技术先进成熟、简单易用、具有简洁明晰信息结果的搜索引擎、数据库等信息工具。

2. 学科用户的自助与互助行为普遍

由于网络信息技术使用上的便利和简单明了，学科用户很容易掌握信息查询的基本使用方法，往往会在信息活动中先行采取自助方式。只有当信息检索能力受到限制，无法满足其信息检索行为时，学科用户才倾向于通过各种网络信息交流系统（如即时聊天工具、BBS、电子邮件、微信）寻求其他用户的帮助，因此，实时性和交互性成为此类用户信息服务的新特征。

3. 信息行为的经济性选择

信息行为的经济性选择表现在以下两点。一是费用的经济性，学科用户在获取网络信息的过程中，面对海量信息资源内容与表现形式，更愿意利用免费的信息资源。只有当付费资源是用户迫切需要且在免费资源中查询不到的时候，用户才会选择付费资源。二是时间成本的经济性，学科用户更习惯于选择自己熟悉的信息获取渠道、信息工具和信息方法，也更愿

---

① Wilson T.D.Human Information Behavior[J].Informing Science：The International Journal of an Emerging Transdiscipline, 2000, 3（2）：49-56.

② 胡昌平. 关于信息社会学的若干基本问题[J]. 图书情报知识, 1988（4）：10-14.

③ 张国海，张玉玲. 论用户情报行为[J]. 图书情报工作, 1994（1）：14-16，41.

意访问简单易用、界面友好的搜索引擎、数据库。

（三）学科用户信息行为的影响因素

国外研究信息行为影响因素主要是从主体因素和环境因素角度进行的。主体因素包括主体的基本特征、思维方式、信息能力、知识结构、主体认知、自我效能感等；环境因素包括物理环境、社会环境、信息环境，以及学科用户主体与外部环境相互作用的心理环境。学科用户自身的知识基础和所处情境，影响学科用户对信息源、信息渠道、自身定位以及结果的衡量[①]。情境，即认知行动者在信息行为过程中所处的特定环境和状态[②]。现代认知观下的信息行为研究肯定情境与信息行为的关联，认为一切信息行为都是受情境和需求动力机制的驱动而发生的，而且其过程的动态变化与情境、需求动力机制相关，并会发生互动作用[③]。

国内研究信息行为影响因素主要是从主体因素、客体因素和环境因素角度进行的。主体因素包括学科用户社会背景、学科用户情感、学科用户受教育程度、学科用户信息素养等方面。客体因素包括图书馆信息资源和图书馆移动终端两个因素。移动互联网时代图书馆电子信息资源种类齐全、数量繁多、时效性强，因此可以很好地满足学科用户的信息需求，学科用户在查找电子资源时注重的方面依次为资源质量、获取全文的便捷性、搜索的便捷性、资源是否全面、资源更新的及时性、系统是否稳定易用等；如果图书馆移动终端的，界面友好、功能齐全、准确率高，用户体验就会很好。环境因素包括社会环境和信息环境[④]。在社会环境方面，学科用户只是社会中的一员，时时刻刻受到社会其他个体或组织的影响；在信息环境方面，海量的网络资源会给学科用户带来信息疲劳及信息选择整合过程中的巨

① 邵慧丽，张帆，张军亮，等.基于共现网络的国内外信息行为研究述评 [J].图书馆理论与实践，2016（5）：39-43.

② 张爱霞，张新民，罗卫东.信息查寻与信息检索的整合研究：对 IS&R 集成研究框架的评述 [J].图书情报工作，2007（10）：10-12，55.

③ 曹锦丹，兰雪，李桂玲.基于跨理论模型的信息行为情境及其相关变量关系探讨 [J].情报资料工作，2016（2）：11-15.

④ 刘春年，陈通.移动互联时代用户信息行为视角下的图书馆信息服务创新研究 [J].图书馆学研究，2015（21）：74-77.

大工作量，而过于匮乏的信息资源会让学科用户陷入无处可查的困境。另外，互联网资源、网速、安全性也在一定程度上影响着学科用户的信息行为。

吴利明等通过对高校教师信息使用行为的研究，将信息行为的影响因素分为内部因素、外部因素及核心因素三个方面。内部因素为教师个体因素，主要指个体的学习能力、认知能力、文化背景、教学经验、兴趣爱好等因素；外部因素细分为信息资源与任务适配度、客观环境；核心因素细分为信息资源的易用性、信息资源的有用性[①]。

（四）学科用户信息行为的分类

在信息社会，网络改变了我们的生活方式，并在潜移默化中影响学科用户的信息行为。按信息活动中的不同环节，可将信息活动划分为信息需求、信息检索、信息利用、信息交流四个步骤，细分为信息需求认识与表达、信息搜寻、信息选择、信息存储、信息吸收与利用，以及信息加工、信息交互等活动[②]。

1.教学科研用户的信息行为

教学科研用户为了满足其教学科研及其他信息需求，对特定信息进行查询与使用。信息需求由学科用户的信息心理、环境等因素产生外部刺激，引起学科用户的信息意识，产生潜在信息需求，待到需求被唤起，对它有了一定认识，继而能够完整地表达出来，这是学科用户信息行为的第一步。

信息搜寻是学科用户发现问题、解决问题、主动寻求信息、满足需求的过程。国外学者将信息搜寻行为分为搜索、浏览、追踪和偶遇。具体行为有使用馆藏纸质资源、利用馆藏数字资源、使用搜索引擎、使用学科专业网站、使用外校资源、寻求熟人帮助、同行交流、自行购买等。信息的易获得性和教研人员自身信息检索水平，都会影响他们选择查询的方式、获取信息的难易程度。

信息选择是指学科用户在信息搜索、信息浏览的基础上，结合自身的信息需求，将主题、内容符合需求的信息甄别、筛选出来。信息选择是信息实

① 吴利明，张慧，杨秀丹.基于TAM与TTF模型构建高校教师信息使用行为影响模型[J].情报理论与实践，2011，34（5）：78-81，109.
② 吴跃伟，张吉，李印结，等.基于科研用户需求的学科化服务模式与保障机制[J].图书情报工作，2012，56（1）：23-26.

现效能最大化的途径。信息存储是对学科用户所选信息进行复制、下载、保存，以备使用。信息吸收与利用，以及信息加工可简称为信息利用，指将所获信息不断地进行整理、加工、分析、创新，整合为用户内在所需信息。

信息交互指学科用户对外发布自己获取的信息，在网络平台、社区、虚拟空间与他人进行交流和共享。信息发布行为是利用网络平台表达观点、发布信息、信息交互的重要途径。目前，信息的使用者也是信息的生产者，在博客、论坛、微博等社交媒体发表观点都属于信息发布行为。信息共享行为是建立在信息资源基础上，用户自愿分享自己信息的一种行为，它受信任、态度、意愿、主观规范等众多因素的影响[1]。

总的来说，教学科研用户能够明确地表达信息需求，即分析信息需求、理解信息需求并加以明确表达；能够快速地检索信息，即了解各种信息源，运用科学的方法，采用专门的工具，从大量信息、文献中迅速、准确地获取所需信息；能够正确评价信息，即在获取大量信息的基础上，能准确地对信息进行分析、判断，评价其可靠性、有效性、准确性、权威性和时效性；能够综合信息，即能从信息中提取主要观点和思想，并加以综合，形成新的观点；能够交流信息，即能够选择有效的方式与其他用户进行交流[2]。

2.高校学生的信息行为

一般来说，大部分高校学生的信息素养有待提高，信息发现与利用的基本技能有所欠缺；信息获取方式单一，首选互联网搜索引擎，较少利用专业数据库中的数据信息；跟踪信息、深度挖掘信息的经验少，对信息分析、数据处理工具不熟悉。

高校学生的信息需求受自身主观因素影响较大，其需求就是为了学业。认识到信息需求后进入表达状态，这样就产生了信息查询，信息需求的表达精确与否将影响信息查询。接着，进行信息资源整合与管理，包括对获取的碎片化信息资源进行分类、组织，以便形成知识性信息，同时产生信息吸收利用行为。高校学生利用已有的思维方式和行为方式，筛选、评判、

---

[1]　查先进，李晶，严亚兰.信任对科技论文快速共享意愿的影响：基于中国科技论文在线的实证研究［J］.图书馆论坛，2011，31（6）：232-239.

[2]　周艳玫，刘东苏，王衍喜，等.大学生信息行为调查分析与信息服务对策［J］.图书情报工作，2015，59（6）：61-67.

理解和接纳信息的过程，就是利用各种信息服务和网络信息的行为[①]。例如，追踪所学学科领域专家的研究工作；追踪专家已发表的完整而准确的文献集合；追踪基于学科主题的高质量文献选读，即基于学科专业研究主题的相关文献，按该主题下领域研究的发展历史、进展和趋势，依据主题相关性、期刊影响因子、文献被引频次，以及最新文献等指标来辅助选读高质量文献；追踪学科专业相关研究机构的科研产出信息，即追踪科研机构最新科技论文、文献相关主题的学科分布、发文趋势分布、文献收录情况、科技论文引用情况等统计信息，了解机构的科研产出情况；追踪学科专业相关出版物信息，即出版物的投稿文献的录用比例、出版频率、出版物刊出的文章收录情况、刊物的影响因子等信息，以便指导、选择发文刊物[②]。

（五）学科用户信息行为的发展方向

计算机技术、网络技术、移动技术的发展为学科服务工作提供了新的检索工具，也为学科用户信息行为注入了新内容。相应地，高校图书馆学科用户对信息的需求呈现出多元化发展趋势。

1.自获取信息服务逐渐成为图书馆的主流服务

依托图书馆网络服务平台获取信息的方式趋于多元化、移动化、泛在化和智能化，用户对图书馆的利用呈现出自我依赖的趋势，自我服务呈上升趋势，具体表现在以下几个方面。首先，图书馆布局及服务功能、图书荐购和借阅、咨询服务、文献传递、信息推送等传统服务项目与服务内容出现在图书馆网络服务平台上，用户随时随地获取情报知识、进行泛在学习、移动获取信息的信息行为，迈出了用户自获取信息服务的第一步。其次，多项信息技术的不断引入和应用，丰富了用户可获取信息资源的内容，信息资源整合技术、信息资源挖掘技术和网络虚拟化技术被应用于数字资源建设中；馆内和馆外资源得到结构化整序和充分揭示，这不仅优化和丰富了个体馆藏，而且还实现了馆与馆之间的合作，推进了用户的一站式自我检索和信息获取服务，如中国科学院国家科学图书馆的"跨界集成检索

① 邵慧丽，张帆，张军亮，等.基于共现网络的国内外信息行为研究述评[J].图书馆理论与实践，2016（5）：39-43.

② 周艳玫，刘东苏，王衍喜，等.大学生信息行为调查分析与信息服务对策[J].图书情报工作，2015，59（6）：61-67.

平台"为科研用户提供非文献型、可开放访问的网络资源检索服务。最后，移动互联网技术、智能化技术等新技术的初步应用，增强了用户与图书馆之间交互的主动性，扩大了自获取信息服务的范围，并使图书馆线上、线下服务走向融合，如移动服务平台，以及微信、微博等社交平台的广泛应用；实时智能咨询系统的应用①。

2.协同信息行为产生并逐渐加强

协同信息行为指同一科研小组、教学小组、用户社群为了共同目标而进行的信息行为。其类型可归纳为协同内容创作、协同信息查寻与检索、协同信息质量控制、计算机支持的社群信息交流。除协同内容创作和协同信息查寻与检索之间没有重合之外，其他信息行为并不是相互独立的，而是有一定程度的交叠。

协同内容创作有协同写作、协同知识创造、协同标注、协同多媒体创作等多种形式。协同写作是协同研究中的一个重要领域，它建立在个人写作的基础上，有多人参与。

协同信息查询与检索是传统个体信息查询和检索研究在社群环境及协同技术发展背景下的延续。协同信息查询与检索过程中的信息任务分为三个阶段：协同信息查询、协同信息检索和协同信息导航。协同信息查寻是此信息行为的第一阶段，即信息采集、信息需求的形成，以及信息源的选择等；协同信息检索是此信息行为的第二阶段，即信息系统或信息源的选择、查询或检索式构造、查询重构、相关性判断等；协同信息导航是此信息行为的第三阶段，分为异步社会性导航和同步社会性导航，同步社会性导航的方式有协同浏览、在线聊天等。

协同信息质量控制有效保障了协同内容创作和协同信息查询与检索行为的结果符合用户社群共同的目标。

计算机支持的社群信息交流泛指以计算机网络为媒介的群体交互，媒介包括即时和延时通信、网络论坛、博客、社会化标注、社会性交往网站等②。

---

① 熊太纯，何胜，陆韡.基于图书馆网站的用户自获取信息服务研究 [J].图书馆学研究，2017（8）：70-74.

② 张薇薇.社群环境下用户协同信息行为研究述评 [J].中国图书馆学报，2010，36（4）：90-100.

第四章　图书馆学科资源建设

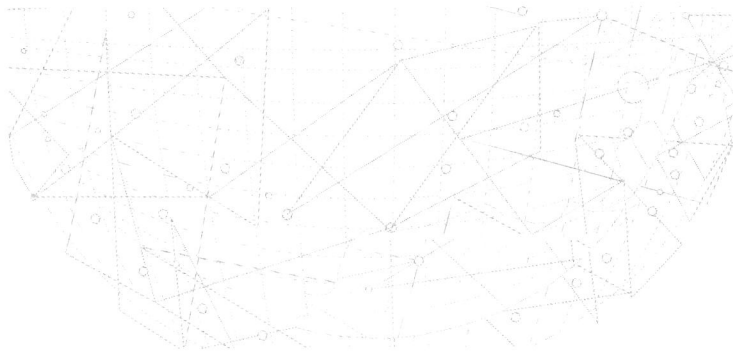

图书馆的学科服务是新形势下开展的一种高层次的信息服务，这种服务的基础离不开图书馆的各种资源，因此资源建设是图书馆开展学科服务的重要部分。通常，传统的文献资源建设工作是按文献类型来组织的，随着科学研究向细化和综合化的趋势发展，边缘性分支学科越来越多，知识的跨学科性和综合性越来越强，按学科组织文献资源越来越受到读者的欢迎，这就是所谓的学科资源建设。学科资源建设是学科馆员的一项重要工作，也是学科服务的基础和根本。本章主要论述了图书馆学科资源建设的方法、原则等内容。

第一节　图书馆资源概述

现代科学技术对人类生活的影响波及各个领域，同时也给图书馆带来了新的挑战和机遇，促使现代图书馆不断寻求发展，学科服务就是新环境下的一种创新服务，是图书馆在网络环境下的一种新突破。要想实现学科服务，就得科学地进行学科资源建设，以便为学科服务提供物质基础。因此，我们首先从图书馆资源说起。

一、图书馆资源

在分析图书馆学科资源之前，首先需要了解图书馆资源的概念。这两者之间既有联系又有区别，正确理解图书馆资源的概念，将有助于人们对图书馆学科资源概念内涵的把握和外延的界定。

（一）资源的含义

在人类生产生活中，资源是与人类息息相关的要素之一。我们常常谈及森林资源、海洋资源、土地资源、石油资源等自然资源，也常常谈及人力资源、信息资源等社会人文资源。这些具体的资源内容都包含在资源的广阔外延之中。广义地说，所谓资源，是指一切可被人类开发和利用的物质、能量和信息的总称。或者说，资源是指自然界和人类社会中一种可以用以创造物质财富和精神财富的并且具有一定量的积累的客观存在。

《辞海》（第六版）对资源的解释是"生产资料或生活资料等的来源"。

《现代汉语词典》（第 7 版）对资源的解释是"生产资料或生活资料的来源，包括自然资源和社会资源"。

《当代汉语新词词典》对资源的解释是"指人类赖以生存和发展的全部自然条件的总和，如土地、矿藏、空气、阳光和水等"。

2004 年，杨艳琳在《资源经济发展》一书中指出，资源是一个涉及经济、法律、政治、科学技术、社会、伦理等诸多领域的概念。一般来说，资源是指对人有用或有使用价值的某种东西。从广义来看，资源包括自然资源、经济资源、人力资源、社会资源等各种资源；从狭义来看，资源仅指自然资源。

由此不难看出，随着生产力的发展和人类认识过程的扩展，资源的内容产生了深刻的变化，其内涵得以精深，外延获得拓展。人们对资源的认识也从单纯的自然资源、物质资源逐步过渡到更为复杂多样的非物质资源。人们对资源一词的使用和关注也逐渐从经济领域走向更广阔的空间。

（二）图书馆资源的含义

在人类文明的发展中，图书馆有着悠久的历史。作为收集、整理和传播知识信息的场所，图书馆是人类历史和文化所创造的精华记载的标志。人们一般认为，图书馆是搜集、整理、收藏图书资料以供人阅读、参考的机构。长期以来，图书馆以丰富的图书、期刊等文献资料吸引读者，被广大读者称为知识的宝库。图书馆一直以图书的巨大藏书量而著称，在它的发展史上，图书长期占据着主体地位；随着知识的急剧增长和出版业的发展，期刊、报纸等各种文献资料逐渐兴盛起来，日渐成为重要的文献信息形式；随着现代图书馆的发展，科学技术带来的协作与共享使图书馆的电子和网络信息变得日益重要。尽管图书馆馆藏内容发生了变化，但是它们依旧是图书馆资源的有机组成。除此之外，图书馆的工作人员、各种设备、建筑结构、服务风格、管理方式等与图书馆有关的一切都属于广义的图书馆资源。

图书馆资源是指一个图书馆所拥有的全部可供利用的客观存在。图书馆资源既包括实体的印刷资料、各种设备、场所等，也包括非实体的虚拟资源，它是范围最广的与图书馆相关的存在。图书馆资源的外延更为广阔，所包含的内容更加丰富，资源的存量更巨大。

二、图书馆学科资源

学科服务是以学科化、知识化、个性化为服务目的，以知识本体的隐性知识为内容，对知识进行挖掘、重组和扩展的活动，是 e-science 环境下的信息服务或知识服务。学科资源是以学科服务为目标的图书馆各种资源的整合，包括人力资源、设备资源和文献资源，其中人力资源主要指的是学科馆员，包括学科馆员的培养、学科馆员队伍建设等相关问题；设备资源则是指各种硬件和基础设施，大到图书馆馆舍建设，小到图书馆各种设施的布局和维护等；文献资源就是我们说的学科资源，也是开展学科服务的基础和根本。图书馆学科资源既包括印刷型学科资源，也包括数字型学科资源及学科资源数据库。

（一）印刷型学科资源

1.印刷型学科资源的特点

数字化文献以其强劲的发展趋势向传统的印刷型文献提出了挑战，但是任何一种信息存贮和传递的新型载体并不能完全取代原有的信息载体。传统的印刷型文献虽然有传播信息慢、体积大、容量小、信息密度低、检索不方便等诸多缺陷，但是它仍发挥着数字化文献不可替代的作用。印刷型文献与数字化文献在构成要素、特征、功能等方面各有不同，都能满足一定读者群体的信息需求，并形成相互依赖、相互补充的有机整体。印刷型文献具有以下几个特点。

（1）阅读灵活、携带方便。印刷型文献以纸质材料为载体，携带方便，适合在任何环境和任何时间阅读。

（2）对读者的知识和技术要求不高。读者只要识字，并具备有一定的专业知识，就可以阅读某一专业的印刷型文献，至于那些通俗性、娱乐性、消遣性的印刷型文献就更不用说了，老少皆宜。

（3）符合人们的阅读习惯。印刷型文献已有上千年的历史，其印刷型文献的墨与纸的对比度大，分辨率高，字符、图像等稳定性强，色彩效果好，而且人们已习惯将书捧在手中；纸质文献便于持久、系统、反复地利用，从而使科研成果得以不断积累和长久保存。

随着网络的普及，数字化期刊、网络期刊数据库逐渐受到读者青睐，目前有很多读者使用数字化期刊、网络期刊数据库获取信息。在专业人员的日常学习中，其主要的学习资料来源于印刷型文献，学术界具有创新性的方法、技术和科研成果，都会在第一时间通过学术期刊这一载体报道。因此，印刷型文献仍是图书馆最根本的现实馆藏，是满足读者信息需求最直接、最基础、最经济的资源。这也说明，在网络环境下，尽管数字化文献给读者带来了新的阅读方式，但是对传统阅读方式没造成根本冲击，二者将在一个很长的时间内共存。

多数读者只是喜爱数字化文献的检索方式，并不是浏览方式，因为长时间盯着电脑屏幕，会对眼睛造成很大的伤害。读者一般只在检索的文章里进行快速浏览，对于需要细看和引用的文章，读者通过打印的方式将数字化文献转换为纸质文献，在纸质文献上，读者可以随意对照比较、圈点批注等。由此可见，数字化文献虽然给读者带来了新的阅读方式，但是不会对传统阅读方式造成冲击。

2.印刷型学科资源的建设

在学科资源建设过程中，各类印刷型文献的建设又是重中之重的工作。印刷型文献以内容新颖、信息量大、专业性强、报道速度快等特点而成为信息传播的重要手段和方式，因而印刷型文献成为现代图书馆利用频次最多的一种文献资源。目前，我国的各类印刷型文献绝大部分是实用性、技术性较高的专业性文献，其针对性、指导性都较强。无论专业文献还是综合性学术文献都刊载有论著、专家论坛、学科新进展、讲座、综述等反映实用性、技术性、新颖性的文章，完全能够满足我国不同层次、不同专业人员的信息需求。

（1）保持印刷型文献特色和优势。要继续保持印刷型文献所具有的明显特点和优势。印刷型文献具有明确的办刊宗旨和较成熟的稿件征、审、校制度，印刷出版发行程序规范、严谨、有效，具有较高的质量与信誉；具有连续性和完整性，真实快捷地描写和记录着时代文化与科技事业的发展历程，文献查阅可靠、便捷；符合人们的传统阅览习惯。因此，在特色资源建设中，图书馆要不断丰富馆藏资料；提供读者之间进行交流的阅读环境和工作人员的直接辅导服务；充分发挥服务形式的可选性与互动性、原始文献的可得性，满足社会不同阶层的需求等。

（2）充分发挥印刷型文献的基石效能。图书馆在文献采集中兼顾纸质文献、数字化文献和其他载体文献，兼顾文献载体和使用权的购买，保持了重要文献和特色资源的完整性，注意收藏相关出版物和学术文献。以专业特色为依据，以原始收藏为基础，构建具有馆藏特色的馆藏体系。现代图书馆拥有丰富的特色馆藏资源，各个学科领域的中外文图书、报纸杂志、多媒体光盘、音像资料等，还有一些特色文献，如硕士、博士论文，都是收藏的重点。每年都有大量国内外相关学科的最新书籍、刊物补充进各图书馆，丰富的特色馆藏资源正是那些渴望信息、渴望知识的读者的知识财富。信息技术的广泛应用带来的新环境和新需求是现代图书馆发展的驱动力。现代图书馆有明确的教育性、专业性和学术性，图书馆需结合本馆的资源设置、地区经济、发展目标等特点，通过纸质文献与数字化文献、实体馆藏与虚拟馆藏、馆际互借与资源开发的结合，逐步建立具有特色的馆藏资源体系，使馆藏信息资源配置合理化、数量最大化、质量最优化和利用高效化，从而满足读者对特定知识的需求或实现某些特定目标。

（3）传承文化精髓。传统特色信息资源是图书馆在传承人类历史文明和传播文化过程中沉淀下来的文化精髓，它能清晰地反映出本地区的历史渊源、文化特色和风土民情。收藏、开发、利用这些文献资料，并借助其来传播历史文化知识，这对于学科员源建设具有非常重要的历史意义和研究价值。这些文献资料包括地方报刊、重要文件、地方史志、地方统计年鉴、大事记、地方人著述的文献及其研究作品等。

（4）加强艺术类馆藏文献建设。艺术类馆藏文献的特殊性使其不能全部演化成数字化资源。比如，人们欣赏的书法、绘画都是表现在纸上的，作者用"若飞若动""若愁若喜"的笔势在纸上自由而酣畅地抒发情感，读者只有从纸质印刷文献上才能充分地领会其构思及艺术造诣，从而得到美的感受。

（5）补缺特殊文献馆藏建设。由于某些文献，如盲文类刊物，不能演化成电子型文献，图书馆需要发挥纸质文献的优势。因为盲人无法看见计算机上的信息，所以纸质刊物更适合他们的实际需要。还有一些特殊文献资源在构建特色馆藏中需要不断采集存储，如汕头大学图书馆开展了口述历史资源的采集、开发与利用，并将其作为特色馆藏资源建设的重要渠道；暨南大学图书馆收集华人华侨的学术著作、学术纸质文献、侨报、社团纪念特刊、会刊、社团简报等，开展华人华侨特色资源建设。除此之外，如果把众多老中医带学徒的口述内容通过录音方式保留下来，加以整理，建设成口述特色馆藏数据库，那么这必然会在将来的中医研究工作中发挥非常重要的作用。

（6）永久保存国家珍贵的文化遗产。从历史和文化保护价值上看，纸质文献经历了漫长的发展历程，其中不乏国家珍贵的文化遗产，其具有特殊的学术价值、历史价值、经济价值和法律价值，需要永久保存，而不能仅将其内容数字化。

（二）数字型学科资源

21 世纪的图书馆是数字图书馆与传统图书馆、虚拟图书馆与实体图书馆、网上图书馆与物理图书馆的结合，是集传统图书馆与数字图书馆之优点的混合型图书馆，这两种形态共存互补，构建出当代图书馆生存与发展的基本形态。图书馆的文献资源特别是学科资源建设必须围绕本地区突出优势或本校重点学科和专业的设置、教学科研的发展方向，构建与之相适应的馆藏体系，为地区或学校的教学科研工作提供必要的文献资源保障。

由于学科资源建设关系到图书馆未来的生存和发展，关系到学科服务水平和学科服务效果，因此，各图书馆务必集中人、财、物等有利条件，有重点、有针对性地突出与强化自己的学科特色，以使馆藏文献具有鲜明的个性和独特的风格。

1.自建学科资源数据库

自建学科资源数据库是中国高等教育文献保障系统（CALIS）文献资源及数字化建设的重要内容，1998 年 11 月，CALIS 启动了特色资源数据库资助项目，首批资助了 25 个学科资源数据库，目前已经取得初步成果。除这25 个学科资源数据库外，部分 CALIS 所属高校图书馆还开发了或者正在开发类似的学科资源数据库。各搞笑啊图书馆应联系本馆实际，面向未来进行科学合理的规划，既要以实体馆藏资源建设为基础，又要以整合、开发和利用网上虚拟资源为补充，走信息资源共建共享之路。

各高校图书馆由于学科建设侧重点不同，所处地域不同，对学科资源的建设也不一样。各高校图书馆为了满足教学科研人员在教学科研工作中的需要，大都建立了具有自己学科特色的数据库，如上海交通大学数字图书馆自建了"上海交通大学学位论文数据库""机器人信息数据库"；湖南大学数字图书馆自建了"金融文献数据库""书院文化数据库"。这些图书馆对富有学科特色的文献进行收集、分析、评价、处理、储存，并按照一定标准和规范将本馆学科特色资源数字化，以满足用户的个性化文献信息需求。如何构建自己独具特色的学科资源数据库，如何构建能反映学科重点和特色馆藏的学科资源数据库，已成为当前高校数字图书馆建设的首要任务。

高校图书馆要一边搜集学科特色文献，一边将其数字化。实现数字化最简单的办法就是把图书馆购买的特色数字图书、全文数据库及网上免费特色资源搜集出来，对其进行整理，再对其他资源进行数字化融合，申报课题，进行相关研究。

2. 引进学科资源

目前，自建学科资源数据库需要花费大量的人力、物力和财力，图书馆对资源的开发与利用还存在很大的盲目性，重复建设的现象比较普遍，更新速度比较慢，采集到的相关信息不够全面，开发整理的范围也不够广。对此，图书馆应当有选择、有计划地引进高质量中文与外文数据库，使中外文书目、文摘等二次文献数据库覆盖本校所有学科与专业。

3. 建立学科导航系统

建立学科导航系统对图书馆学科资源建设来说是一种有效的补充。构建学科导航系统关键在于建立一系列有效的知识服务运行机制，从而使图书馆在知识经济时代选择最有利行动，使博弈双方互动相容，实现其知识导航功能。一般来讲，图书馆组织的员工会将自己拥有的专门知识及组织拥有的知识作为组织的核心竞争优势来获取对服务对象的特别服务。因此，如何有效地进行人力资源管理和知识共享，倡导员工把个人知识转变为组织知识，把组织知识转变为服务对象的知识，通过组织知识的不断传播来提升组织的服务能力，是实现高校图书馆学科导航系统功能的关键。

（三）学科资源数据库

图书馆要实现信息资源的共享，就要有选择性地收藏文献，建设属于自己的数据库，尤其是开发本馆特有的学科资源数据库。

1. 高校特色学科资源数据库

各高校应以教学科研需求为依据，以资源共享为导向，有针对性地重点选择建设符合本校所设置的相关学科专业的学科资源数据库。这些数据库一般分为以下几种类型。

（1）学位论文数据库。学位论文是指高等学校中的学生或研究机构中的人员为取得学位，在导师的指导下参阅大量文献，经过反复实验及调研所撰写的研究成果。每年各高校都有一批硕士、博士论文，其中不乏具有高学术价值的论文。硕士、博士论文体现了各高校的学科特色，收藏这些文献是大学图书馆特色文献建设的重要内容。目前，许多高校已经开通了在线提交系统，建立了硕士、博士论文数据库，为信息用户提供了一个学术信息查询与交流的途径，从而起到推动教学科研交流和发展的作用。同时，这些论文将给学生带来许多参考价值，指导学生规范论文写作，引导学生进行文献检索。

（2）教职工科研成果数据库。高校教职工的专著一般是结合教学和科研信息的需要，根据社会发展与经济建设的需求，在充分利用高校图书馆藏书的基础上撰写而成的。这些科研成果理应受到高校特别是作为学术性机构的图书馆的珍视。我国高校文库的建设始于20世纪80年代后期，较早的有北京大学、中国人民大学、河北大学、河北农业大学。初期的文库仅限于保存印刷实物，随着计算机和网络技术的发展及其在图书馆中的应用，高校文库建设也走向了数字化。一些数字化文库相继诞生，如中国人民大学、浙江大学、北京大学的文库，尤其是中国人民大学的文库，已形成全文数据库。高校文库的发展趋势是实物收藏展示和全文数据库并存。

（3）重点学科数据库。重点学科数据库是指根据高校的重点学科、特定主题、交叉学科、前沿学科，或能体现学科特色的资源，全面搜集各类相关资料，并整理加工成数据库。重点学科数据库是专业文献特色数据库，搜集重点应突出专业特色，它包括本专业的国内外核心期刊、科技期刊、教材、参考书目、学术会议资料，以及其他报刊中有学术价值的专业文献，图书馆既可以对这些资料进行整理加工，也可以直接引用现成的专业文献特色数据库。该数据库内容丰富、系统完整，给教学和科研带来了极大的便利，它也属于馆藏的重要学科资源，如上海交通大学图书馆的机器人信息数据库、武汉大学图书馆的长江资源数据库、上海财经大学图书馆的世界银行资料数据库、哈尔滨工程大学图书馆的船舶工业文献信息数据库。

（4）考研信息数据库。近年来，随着考研人数的增加，要求查找考研信息的学生数量逐渐增多。他们迫切地想了解全国各高校研究生的招生情况，特别是研究方向、导师情况、考研课程及参考资料，然而这些信息往往是临近报名时才由研究生处转来，不能满足广大学生的需求。为了让学生们早日得到这些信息，高校可以开辟考研信息咨询园地，由专人对网上考研信息进行收集、加工，将与本校专业对口的专业招生情况和参考书目及时整理出来，并通过校园网发布，这样，学生既可以上网查询，也可以到图书馆查询。例如，北京邮电大学的博导信息数据库、北方工业大学的特色数字资源数据库包含考研专业参考书库、英语四六级题库等。

（5）影音光盘数据库。现如今，越来越多的书籍会附带一张光盘，这便于读者更直观地获取知识，从听觉和视觉两个方面来满足其需求。然而光盘容易损坏、丢失，占用储藏空间大，且无法实现资源共享。这就要求图书馆搭建一个良好的平台，对具有馆藏特色的影音资料及随书光盘中的视频、音频、图像、文字进行数字化转换、编辑、压缩等技术处理，并将其储存在计算机网络服务器上。建设此类数据库需保护作者的知识产权，尊重他们的劳动成果，今后这一学科资源数据库将成为数字化图书馆的核心部分。

（6）电子文献数据库。在电子设备普及的今天，人们对电子资源的依赖程度越来越高。电子资源便于保存、搜索，所以图书馆可以将一些精品纸质文献数字化，共享给广大师生，这也是图书馆电子文献数据库的有益补充。

2.地方特色学科资源数据库

地方特色学科资源数据库是指反映各地区各方面情况的正式出版或非正式出版的各种文献数据库，它包括介绍本地地理、历史、风俗、民族、经济、文化、人物的各种典籍；本地政府所制定的各种法规、政策；本地名人的书籍及手稿；本地主要企业发展的情况通报、产品介绍等。这些文献资料可以反映本地各方面的发展历史及现状，且地方特色浓厚，资源具有鲜明的区域性，其建设也是公共图书馆数字资源建设的重要内容。各省图书馆应根据地理、历史、经济和文化特点对本省信息资源做完整系统的采集入藏，最终形成具有鲜明特色的地方文献数据库。例如，山西大学图书馆建立了山西票号与晋商数据库；黑龙江省图书馆先后选题构建了包括少数民族文化、黑龙江杂技、犹太人在哈尔滨、哈尔滨旧影、抗战文献、地方法律法规、冰雪文化、高校冬季运动会、金源文化、黑龙江野生动物、黑龙江旅游、黑龙江边境贸易、神州北极、黑龙江体育名人、黑龙江文化科技成果、黑龙江农业、黑土文化在内的17个专题数据库。全国图书馆中，有几个图书馆不仅地方文化内容丰富，而且网站制作与设计也比较精致，如浙江省图书馆、广东省图书馆、湖北省图书馆、湖南省图书馆、天津市图书馆、首都图书馆，特别是首都图书馆，其开发的特色资源信息量大而且内容丰富，图文并茂；辽宁省图书馆的地方特色资源已初具规模，形成了特色数据库群，并正在建立地方特色资源统一检索平台。内容全面、功能强大的地方文献数据库能支持和推动本地经济、文化等各项事业的均衡发展，因此建设地方特色文献数据库是非常必要的。

3.专题特色学科资源数据库

专题特色学科资源数据库是根据图书馆读者特定需求而建设的特定主题资源，具有很强的针对性和广泛性，比如复旦大学图书馆建设的全国大学图书馆进口报刊预定联合目录数据库，清华大学图书馆建设的全国大学图书馆信息参考服务大全，西南财经大学图书馆建设的期刊篇名数据库。

专题特色信息资源既可以建立在学科特色信息资源的基础上，也可以根据重点学科的专业方向进行跟踪信息服务，对学术前沿进行透彻的分析、研究，预测未来的发展趋势，用新观点的潜在价值、深层次内涵揭示等内容来建设数据库，并将信息提供给读者。

第二节 图书馆学科资源建设的目标与方法

一、学科资源建设的目标

图书馆需要通过对用户需求、自身定位等多方面的综合研究后，才能确定适合本馆的学科资源建设的目标。这些方面包括文献出版状况、收集状况和满足读者需求的程度，读者利用信息资料的状况及其对信息资源的现实需求与潜在需求等。只有综合分析这些因素，才能制定出切实可行的目标。图书馆确定目标时，应该从需求与可能性出发，优先解决急需文献资源问题。另外，学科资源建设的目标重在应用，而非知识的发现和知识体系的完善，要以实用为原则，以够用为标准。图书馆采购部门应努力搜寻国内外出版信息，掌握相关学科最新出版动态，采集能反映最新学术成果和学术动态的参考资料，在图书品种、数量、质量上尽量满足读者的需求；要准确及时、灵活多样地采购文献，制订完备的购书计划，为高等教育提供优质文献信息。

二、学科资源建设的方法

（一）印刷型学科资源建设的方法

基于长期的历史积累，图书馆资源有其独特的馆藏结构，通过健全和发展，逐渐形成自由的风格和特点。在进行学科资源建设时，图书馆要遵循系统性、分层性原则，明确特色资源与一般资源之间的差别和联系，通过多种渠道、多种信息载体、多种服务方式、多种科技手段等来增加馆藏数量、提高馆藏质量。作为信息资源中心的图书馆，其学科资源建设必须兼顾读者不同层次、不同深度、不同目的的文献需求，注意文献的综合性、系统性，将不同学科、不同类型、不同语种的文献资源加以合理组织和科学配置，建立起一个既有系统完整的基本藏书，又有丰富实用的辅助藏书，以及珍贵精良的特色藏书的完整、全面的文献保障系统。

1. 开发利用印刷型特色馆藏

特色馆藏的经济价值非常高，其学术研究价值也非常高，图书馆应开发、利用特色馆藏，并使其真正发挥学术价值。我国各高等学院校图书馆都拥有数量不等的特色馆藏，然而校外研究者对其利用率比较低。因此，高等学校图书馆应解放思想，广泛宣传特色馆藏，使其得到广泛利用。

2. 争取充足资金

俗话说，"巧妇难为无米之炊"。图书馆的学科资源建设首先要保证有足够的经费，只有经费到位，图书馆才能全面、系统地采集符合本馆特色的文献，充足的资金保障是学科资源建设的根本。

3. 培养高素质学科资源管理人员

人才是保证学科资源建设顺利进行的关键。面对新技术在图书馆中的应用，我们要坚持以人为本，把工作放在本馆馆员自己力量的基点上，把培养人才、建设队伍、提高馆员素质放在第一位。学科资源建设过程是一个锻炼人才、培养人才的过程。在提高馆员素质的同时，特别要加强馆员对计算机技术、信息开发技术、网络技术等方面的培训和学习，不断提高其信息处理能力和使用技能，使数据库建设和维护人员尽快成为数字资源加工与管理、系统开发与维护、知识产权使用与保护，以及特色数据库组织运营与管理等方面的专业人才。另外，图书馆要指定专业水平高、责任心强、具有开拓创新精神的馆员负责学科资源建设工作，以保证入藏文献符合本馆特色要求，还要广泛征询广大师生，以及馆员的建议，群策群力，做好文献采访工作。

4. 建设学科馆员队伍

建设学科馆员队伍是进行学科资源建设的基础和前提条件之一。学科资源建设需要一支专业性强的学科馆员队伍，学科馆员除掌握图书情报专业知识外，还需要具备一定的专业知识，以及超强的实践能力与孜孜以求的工作态度。

5. 聘请专家，落实质量管理

特色馆藏资源的数字化、特色数据库的选题与建设、特色网络资源导航系统的建立，都不能缺少专家的积极参与，他们是图书馆网络化资源建设的智囊和顾问。当然，在充分肯定专家在文献资源建设中的重要作用的同时，我们必须认识到，各学科专家往往偏重自己所研究的领域，对馆藏资源缺乏全盘考虑，这不利于馆藏文献资源体系的协调发展。因此，图书馆采购人员必须对来自专家的信息进行综合分析和总体调控，在文献资源建设总原则的指导下，统筹安排，精心采集，使各学科文献的比例趋于合理。

虽然图书馆采购人员长期从事采购工作，有着丰富的经验和基本的学科背景知识，但是他们并不熟悉所有学科科研领域的文献，对众多学科的课程也没有很详细的了解。有了专家的参与，采购人员能掌握更多的学科专业知识，拓宽自己的视野。这有利于图书馆采购人员对文献的科学价值和利用价值做出准确的判断，从而保证入藏文献的质量。

（二）数字型学科资源建设的方法

1.做好选题调研工作，提高学科资源的质量

学科资源的质量是整个馆藏建设生命力的体现，只有保证学科资源质量，才能实现真正意义上的学科资源建设。选题是学科资源建设的关键环节。首先，图书馆要有一个明确的主题和学科专业，除要在馆藏方面有较大的优势外，还要对此专题有较为全面的了解，这样建设出来的学科资源数据库才有自己的特点和竞争力，而且可以避免浪费。其次，图书馆要综合考虑所在高校和地区的需求，确定选题，一个好的学科选题可以达到事半功倍的效果。在确定选题时，除考虑本馆服务对象和馆藏特色外，还要对其做详细的调查研究，如选题在国内有无重复或类似，数据量能否达到一定规模，用户需求量是否大。最后，图书馆应不局限于以项目为中心建设学科资源数据库，可以根据馆藏特色和特定用户需求自主建立学科资源数据库。

2.挖掘重点学科和地域性主题，制订合理详细的计划

每一个图书馆都有自己的重点收藏目标，高校图书馆应根据本校的学科特点、馆藏原则，以及读者需求等因素来确定文献学科化目标，要在充分了解馆情的基础上，制定符合本校学术研究需要的选题，这是学科资源建设取得成功的先决条件。

从地域性文献角度开展学科资源建设有诸多优势，如本地人才优势、本地传统文化优势。美国斯坦福大学利用其位于硅谷的地域优势，收藏"苹果电脑"等公司的档案，建成"公司"档案特色馆藏；我国的中医药文献经过长期发展也形成了非常鲜明的地域性特色，"北看天津针，南看江西灸"反映的就是具有浓厚地方特色的中医药主题；虽然天津大学的优势学科不是摩托车设计构造，但是天津大学依托 CALIS 专题数据库建设的契机，经多方分析确立了这个选题方向，构建了摩托车信息特色资源数据库。地方文献和地域特色文献是图书馆的一笔宝贵财富，任何地区形成的独具地方特色的文献都是其他地区不能取代的，开发和利用好地方特色文献，一方面可以为涉及地方风土人情、历史沿革等相关研究提供宝贵而丰富的资料；另一方面可以为地方旅游业开发、地方经济发展提供信息支持。事实上，地方特色文献的开发已经受到大多数图书馆的充分重视，成为特色馆藏建设中的一大亮点。图书馆要深入挖掘与探讨此类地域性主题文献，构建地域性特色馆藏。

除深挖地域主题外，制定方案也是图书馆学科资源建设中至关重要的一步。因此，各图书馆务必搞好调研，并根据本馆、本校、本地区乃至全国的实际情况，制定出一个科学合理、切实可行的学科资源建设方案，同时要加强落实学科资源建设方案，以促进图书馆学科资源建设。若要建设好学科资源数据库，必须从一开始就制订好详细的计划。仔细地搜集学术价值高的特色资源，并对其进行整理、加工、分类、发布，每一个环节都要做到位，选择最合适的建库软件及管理软件，以便进行数据维护和信息服务。此外，还要考虑所建学科资源数据库的实用性。

3. 结合互联网技术，实现信息自动采集

随着计算机网络技术的发展和普及，人类在信息传播和利用上进入一个崭新的世界。海量的网络信息资源中蕴含着十分丰富的地方文献，与传统载体中的地方文献相比，网络信息资源中的地方文献具有检索快捷、利用方便的特点，是不可忽视的地方文献的新来源。

网络信息采集技术按照用户指定的信息或主题关键字，调用各种搜索引擎进行网页搜索和数据挖掘，通过 Web 页面之间的链接关系，从 Web 上自动获取页面信息，并随着链接不断向所需 Web 页面进行扩展。这一过程的实现主要是由 Web 信息采集器来完成的。网络信息资源自动采集系统，是实现图书馆数字资源采集的利器，但要注意版权问题，需要标明转载出处。网络信息采集技术的出现不仅解决了图书馆人手不足的问题，而且还提高了图书馆工作效率和服务水平。

4. 以优势学科为依托确定特色，建立特色资源预订数据库

在文献资源建设过程中，每个图书馆都必须根据自身的服务指向，明确哪些文献是必须收集、保存的，哪些文献是可以利用光盘、数据库或网络资源作为虚拟馆藏内容的，以满足不同学科、不同层次、不同深度用户的文献需求。图书馆如何分清主次，确定重点学科，需要从调查研究出发，根据所在单位的发展规划和学科队伍现状，摸清馆藏情况，并在文献资源体制服务指向的要求下，为文献的遴选确定符合本单位发展需要、自身服务功能和馆藏文献特色的入藏原则。

5. 坚持特色，优化资源配置

学科资源建设需要人力、物力、财力的持续投入。因此，高校图书馆需要对资源进行合理配置和利用，建设"专而精"的具有特色的学科资源，实现效益最大化。例如，在进行数字化时，用来加工的电脑、扫描仪若比较新，则会提高成品的质量，使得生成的文件占用硬盘空间小，清晰度高，处理速度快，节约大量时间。同时，图书馆也应充分发挥主观能动性，向政府、社会等多方争取支持，或者与其他高校按照地区或性质组合的形式联合购买大型数据库。

6. 重视标准化、规范化建设及维护工作

学科资源建设需要所有图书馆的参与、合作，并通过网上传输提供服务；需要统一的标准，各种标准之间需要联系和协调，建立一个完善的标准体系，并使各图书馆严格遵守。标准化工作是图书馆管理中的基础性工作，它必须建立在统一合理的标准和秩序的基础上，实现图书馆学科资源建设和利用效率的最大化。这是关系到当前图书馆资源使用和共享的关键因素，如果不按照标准化建设，数字资源就容易出现重复开发和建设，重复投入和使用的现象，造成人力和物力的浪费、资源信息的冗余。

目前，数字图书馆已经成为全球信息科学高速发展道路上无可替代的信息资源集散地，它采取的跨地域、跨图书馆的在线查询与使用方式，为科学技术的发展奠定了基础。数字资源的管理模式有别于传统管理模式，

它需要一系列严格的技术标准作为依据，包括电子文档的格式、读取、储存，信息网络标准，检索方式标准等，正是由于数字资源的特殊性，数字资源的标准化建设显得格外重要。

数字资源建设体系标准化是众多标准的基础，它把所有的标准进行融合和整理、宏观调控和管理。该标准需要具备规范化、制度化、体系化等特点。特别是在管理方面，它需要图书馆各职能部门都能够按照统一的标准和规范指导日常工作，实现各系统、各部门、各资源之间的协调一致，为建立一个科学、高效的图书馆数字资源管理体系提供标准。

数字资源的标准化建设主要涉及对各项相关技术标准的制定和实施，图书馆要按统一的数据格式、数据库建设规则、连续出版物的著录标准进行特色数据库的建设。同时，现已建成的数据库按统一的标准进行改进，剔除重复数据，合并同专业同种数据库，以确保文献信息能在网上快速流通。由于数字资源的特殊性，标准化制定的种类比较繁多，大致可以分为九类，分别是系统共用平台标准、数目数据库标准、服务体系标准、数据存取标准、资源交流和共享标准、信息传输标准、软件通信标准、文献著录标准和人力资源管理标准。

数据库建设是一项长期性的工作，数据录入的完成并不意味着数据库建设的完成。数据库建成后，数据修改、数据维护、数据更新等后续工作是保证数据库质量的必要手段，不可轻观。在发现数据库不足的同时，图书馆要积极地采取措施对其进行修改和维护，以使它们发挥更好的服务作用。

7.锐意创新，提升学科服务水平

图书馆的学科资是图书馆长期面向特定服务对象而形成的文献资源。其形成的根源是读者需求，"读者需求"形成"特色"和"学科"。图书馆必须树立以读者为中心的理念，以满足读者需求为第一要务，在竭诚为读者服务的过程中体现自身的价值；树立以特色信息服务满足读者需求的理念，根据社会需要、馆藏特色，以及地区系统文献保障体系建设的分工，瞄准服务对象，关注特定群体，充分发挥图书馆信息组织的优势，建设特色信息资源，以独特的信息服务满足读者需求；树立与读者动态需求相适应的理念，强化服务意识，更新服务方式、手段、内容及模式，建立起对读者需求快速反应的运行机制，制定特色的服务规范和管理模式，提供特色知识服务，寻求适合时代发展的图书馆特色资源建设思路。

8.以人为本，提高服务质量和效率

随着信息化、网络化的普及，图书馆网络化建设有了飞速的发展，读者对信息的需求不再受图书馆地域、空间和开放时间的限制，他们希望通过先进的技术设备，远程获取所需信息。为了适应社会的发展，以及进一步满足读者的需求，图书馆在进行学科资源建设时，应注重特色数据库的研制开发。这样不仅丰富了读者获取信息的渠道，而且其作为完整的、系统的学科资源整合，将成为图书馆长足发展的一个亮点。学科资源建设的目的不能只局限于为读者准确地提供某个信息点或知识点，还要对信息资源进行深入的揭示，为读者提供知识链和信息链的个性化服务，其根本目的就是坚持以人为本，提高图书馆的服务质量和效率。

第三节　图书馆学科资源建设的原则

学科资源建设是一项长期性的系统工程，来不得半点马虎，更不能半途而废。学科资源建设过程一直遵循着一定的原则，它们分别是实用和特色原则、共享和先进原则、标准化和通用性原则、系统性和准确性原则、安全性和可靠性原则、分工协调原则、知识产权保护原则。

一、实用和特色原则

从本质上说，数据库只是工具层面的东西，实用和特色才是其建设的目的。在学科资源建设中，建设学科特色资源数据库是一项重要内容。所以在选题时，图书馆应注意学科资源建设的项目和特色选题是否注重面向地方社会经济与教学科研发展的实际需要，同时从读者使用、读者数量和特色资源质量的角度优先保障重点学科。

二、共享和先进原则

所谓信息资源共享，是指在特定的范围内，在平等、自愿、互惠的基础上，通过建立图书馆与其他相关机构之间的各种协作关系，利用各种方法、技术和途径，共同建立和利用信息资源。学科资源建设是文献资源保障系统建设中的重要内容。在用户信息需求不断增长及网络数字资源迅猛发展的形势下，图书馆要想满足用户的信息需求，扩大自身生存空间，必须走共建共享的道路。图书馆进行学科资源建设时，应根据现有的资源状况，结合本馆的优势和特色，在对信息资源进行深度开发的基础上建设自己学科特色的专题信息资源数据库，最大程度上实现信息资源的共享。建设数据库时，图书馆要考虑数据库是否代表当地水平，在国内外有无较高学术价值；能否在较长时间内保持国内领先地位；对重点建设项目、重点学科资源建设的文献保障，是否具有填补空白的作用；对社会发展和经济建设有无促进作用。图书馆之间必须加强沟通与合作，在资源共建共享方面达成共识，通过合作进行大规模的数据库建设，避免重复建设，还要打破各部门各自为政的局面，实行分工协作，联合建库。图书馆在建设数据库过程中，一定要采取先进的技术，按元数据标引格式规范、文献著录标准等一系列标准要求，实现与全国图书馆资源共建共享的目标。

三、标准化和通用性原则

数字资源的加工和数据库的建设存在着一系列数据格式标准和元数据规范。图书馆在建设数据库时必须注意：为了实现资源的有效共享，各承建单位在项目建设中必须遵循标准化和通用性原则，必须遵守网络传输协议、数据加工标准、文献分类标引规则等要求，采用规范化的特色库援建模式和标准化的数据格式、库结构及检索算法，确保数字化产品的标准化和通用性，从而为资源的共建共享创造条件。按照《中国图书馆分类法》（第五版）对文献进行分类，按照《中国文献编目规则》（第二版）对文献进行著录，并按照《中国分类主题词表》对文献进行主题标引。图书馆应尽量增强文献主题标引的深度和广度，扩大检索点，设立检索方式，完善索引，规范机读格式，努力提高建库质量。除采用已有的国家标准外，还要注意同国际接轨，加强国内外检索的通用性。

四、系统性和准确性原则

学科资源建设过程中要注意文献信息资源的系统完整和各类信息资源之间的相互联系，保障重点学科，同时也兼顾其他学科，逐步扩大学科覆盖面，从而形成合理的信息资源建设体系；要考虑准确性，图书馆在加工数据时不仅要采取科学、严格的质量管理办法，而且还要采用准确的原始信息即一次文献，提高文献的引用率和检准率。从可持续发展的角度来说，特色资源数据库还需经常更新和维护，图书馆平时要多收集数据库在使用过程中的反馈信息，及时对数据库内容进行替换、删除、修改和整理，确定合理的更新周期，使用户最早获取最新信息，以保持特色资源的生命力。

五、安全性和可靠性原则

图书馆在建设学科资源时，要对大量的资源进行加工、存储、传递和管理，并利用网络为众多终端用户提供各种信息服务，因此系统的安全性十分重要。图书馆在建设数据库过程中既要选择技术成熟、性能安全可靠的信息存储设备，又要采用先进的网络管理系统，确保网络系统的安全性和数据的可靠性。

六、分工协调原则

图书馆要从全局出发，统筹规划、分工合作、合理布局，有重点地进行学科资源建设，以管理中心为基础构建二级联合保障体系，使其形成具有较强整体功能的信息资源体系。

七、知识产权保护原则

学科资源建设是一项系统工程，知识产权保护是其核心内容之一。知识产权保护贯穿于数字资源加工、组织、管理、传播和使用的各个环节。特色文献数据库的建设应根据不同类型文献存在的法律形态，充分尊重不同著作权人的授权意愿，采取区别对待的原则，为信息资源的有效共享与利用奠定基础。特色文献数据库的建设必须严格遵守国家知识产权保护法律法规，所有数据来源的知识产权要清晰，图书馆发布的一切信息必须符合国家知识产权保护法律法规的要求。

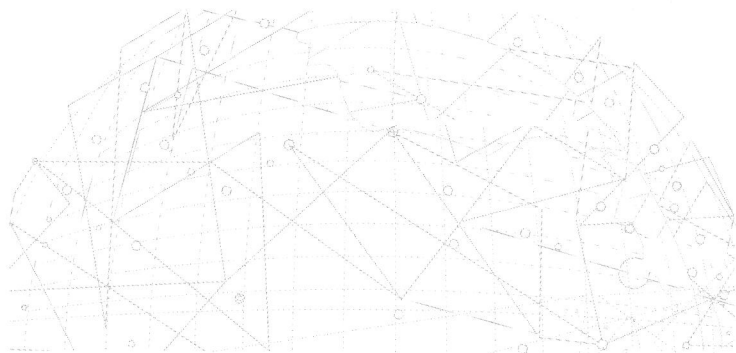

第五章　互联网时代的高校图书馆资源服务

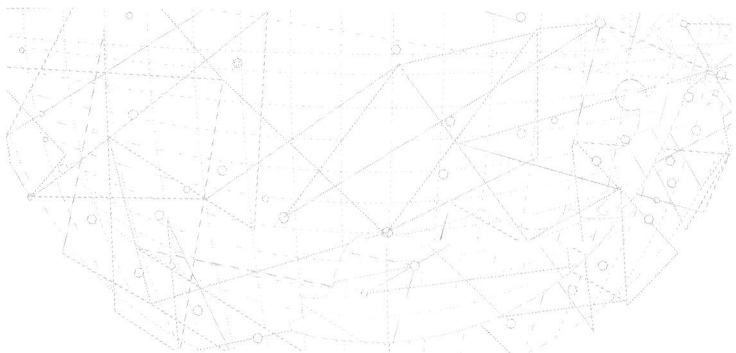

进入互联网时代，高校图书馆应充分发挥其资源作用，提供资源服务，如提供网站服务、移动图书馆服务、VPN 服务。本章对互联网时代高校图书馆的相关资源服务进行探讨。

第一节　高校图书馆门户网站服务

一、图书馆门户网站概述

（一）图书馆门户网站的概念

所谓门户，是指提供某类综合性互联网信息资源并提供有关信息服务的应用系统。网站是指在互联网上根据一定的规则，使用 HTML 等语言工具制作的用于展示特定内容的相关网页的集合。简单地说，网站是一种信息发布与交流的工具。人们可以通过网站来发布自己想要公开的信息，或者利用网站来提供相关网络服务；可以通过浏览器来访问网站，获取自己需要的资讯或者享受网络服务。

图书馆门户网站是现代图书馆为读者提供各类信息资源和相关信息服务的系统，是数字图书馆面向用户的统一服务入口，是以资源为基础，以服务为出发点的数字图书馆信息门户。它将数字图书馆的信息资源、工具和服务有效地组织、存储、整合起来，提供个性化、科学化的单点获取方式，实现资源和服务的无缝链接。通过图书馆门户网站，读者可以根据自己的喜好和兴趣方便地存取数字图书馆的资源，使用数字图书馆的服务。

（二）图书馆门户网站的定位

作为一个信息资源综合服务与管理平台，图书馆门户网站应该能够实现各种中外文异构数字资源的统一检索，并将这些原本相互孤立的数字资源及馆藏资源整合成相互关联的知识网络，消除"信息孤岛"，构建统一、友好的访问环境，实现图书馆各类资源的一站式快速搜索、定位和获取服务。同时，在网络环境下，图书馆门户网站还是一个与馆外资源交互共享的枢纽，通过这个服务站点，图书馆既可对外发布各种信息，又可将网上发布的图书馆资源统一集成到资源搜索与获取共享体系，实现云图书馆门户的建设。

数字图书馆为读者提供的门户网站是一个内容丰富的、基于 Web 浏览的用户界面。这个用户界面既有资源信息又有服务链接，包括信息发布、用户管理、网络互联和数据存储四个要素。

二、图书馆门户网站的建设

（一）图书馆门户网站的结构与界面设计

图书馆门户网站与其他门户网站不同，其建设要突出信息服务和数字资源建设的特点，采用合理的组织信息展现形式，着重设计组织分类和导航的结构，搭建信息与用户认知之间的桥梁，从而让用户可以高效率地浏览网站的内容。

图书馆门户网站的结构层次要简洁明了，图书馆应根据读者需求把信息分为几个主要的主题区域，并根据主题区域设计简单的层次结构，使读者可以根据自己的意愿灵活地选择所需要的信息。在界面设计上，图书馆应充分考虑读者的使用习惯，使图书馆门户网站做到美观大方、使用方便、界面友好，能够吸引读者使用，既要方便不同层次的读者获取信息，又要体现出其独有的文化特征。

（三）门户网站服务平台构建

为了实现图书馆门户网站相应的服务功能，图书馆要集成各种应用子系统，构建图书馆门户网站服务平台。

1.信息资源建设及发布子系统

信息资源是数字图书馆服务的基础，也是读者最终所要获取的资源。各图书馆可根据自身所服务的对象，以本地域、本行业、本馆的馆藏特色为主，以方便不同读者的使用需求为目标，进行系统的信息资源建设，并通过 Web 发布系统将本馆资源和共享资源以数据库列表或资源导航的方式发布到图书馆门户网站上。为了使读者能有效地利用数字资源，数字图书馆必须按照某种组织原则，系统地组织和揭示数字资源，并使其准确、完整、结构清晰、层次简明，方便读者查询使用。

2.信息资源的统一检索子系统

数字图书馆内有多个相互独立的信息资源系统，它们可能分布在不同的服务器上，运行在不同的系统环境中。读者要想获取相关信息就得分别进入各信息资源系统进行逐个检索，这对读者来说极为不便。因此，图书馆门户网站需要为读者提供一个可一次性检索并获取各数据源中所有相关信息的统一检索平台。

目前，图书馆门户网站广泛采用了基于元数据整合的信息资源统一检索系统，为用户提供一站式检索服务，避免逐个登录数据库、输入检索条件的麻烦。

3.统一的身份认证及用户管理子系统

为了解决数字图书馆中数字资源的知识产权保护问题，数字图书馆必须构建用户管理系统和知识产权保护体系。用户只有通过系统认证，才能成为数字图书馆的合法用户。

当前，绝大多数数字图书馆是通过验证和防火墙隔离的方式来进行用户管理的，这种管理模式的优点是方便、简单，系统运行效率高，能有效解决商用数字资源的知识产权保护问题；其缺点是给数字图书馆合法用户在馆外利用信息资源带来了困难。

目前，图书馆门户网站的用户认证系统普遍采用了用户远程访问认证和访问授权的方式来控制使用安全，从而使合法用户在馆内和馆外都能有效利用数字图书馆服务。用户在统一身份认证系统中注册账号后，就可以使用图书馆门户网站上的所有服务。如果用户已经在相关的资源系统中拥有账号，同时已经设置了相应的权限，就可以将资源系统中的账号与统一身份认证系统中的账号进行关联，使用户登录统一身份认证系统之后，能够自动使用相关的资源系统中的账号来访问系统资源。

4.数字参考咨询子系统

数字参考咨询子系统为读者提供一种通过计算机和网络在图书馆门户网站上进行交互式咨询的平台。读者通过网络与图书馆的参考咨询馆员进行交互式对话或通过电子邮件等方式与图书馆的参考咨询馆员进行联系，获得所需要的帮助。

5. 网站论坛子系统

网站论坛是图书馆门户网站的一个重要组成部分，它可以为读者提供一个交流的平台。读者可以通过网站论坛交流心得体会，发表意见和建议；图书馆可以通过网站论坛开设相关专题讨论组，获取读者对图书馆服务或资源使用情况的信息反馈。

6. 统计分析与后台管理子系统

图书馆门户网站的系统维护由网站后台的管理系统实现，包括统计分析、资源发布、新闻发布、用户管理、文件图片传输、各个资源系统的参数设置等系统的管理，与数据库的连接，Web 服务的日志配置，防止黑客入侵等工作。这些都要通过后台管理系统进行定期或不定期的维护管理。

三、图书馆门户网站的服务功能

图书馆门户网站包含图书馆的概况、图书馆资源与服务，具有供读者远程利用的 OPAC 系统、数字资源访问等数字服务项目，并为读者利用图书馆资源与服务提供咨询辅导。

（一）资源服务功能

资源服务包含图书馆 OPAC 查询服务，数字资源检索、浏览和下载服务，这使读者能够跨越时空的限制，方便地通过网络从图书馆获取文献信息与服务。

图书馆门户网站所揭示的信息资源包括各种纸质资源和数字资源的书目信息，收集和整理的符合本馆读者需求的网络信息资源等。图书馆门户网站以导航等形式对信息资源予以揭示，通过建立站内搜索引擎，以符合读者使用习惯的分类体系提供分类浏览、检索等服务，并通过资源调度系统为读者提供查找和获取信息资源的便捷途径。

数字图书馆一般通过"统一检索平台""馆藏目录""特色资源""中文资源""外文资源""电子图书""电子期刊""学位论文""教学参考书""学科导航""试用数据库""新书通报""文献传递"等栏目提供资源服务。

（二）宣传教育功能

图书馆的传统宣传媒体是平面二维的，如海报、板报、宣传单，而网络宣传媒体是多维的。网络宣传媒体能将文字、图像和声音有机地组合在一起，传递多感官的信息，通过图、文、声、像相结合的宣传形式，增强宣传的实效。图书馆既可以利用网络技术宣传其资源和服务，增强用户的网络意识和网络检索能力，又可以充分发挥网络传播及时、受众面广的优势，扩大图书馆的社会影响。

图书馆主要通过设置"图书馆概况""入馆须知""馆藏布局""读者指南""培训资料""文献检索课件""图书馆公告"等栏目实现宣传教育功能；读者通过浏览各种指南、查找资料导引，下载课件、视频宣传材料，以及参加文献检索课和培训讲座等方式获得图书馆资源。

（三）交流咨询服务功能

图书馆在交流咨询服务中应构建起与读者之间沟通和交流的网络平台。图书馆可以通过调查引擎、电子邮件、BBS、留言本、虚拟参考咨询系统等模块进行消息发布、读者调查、读者意见答复、咨询解答等服务，与读者进行双向交流，建立良好的互动关系，准确了解读者的需求，解决读者的问题，提高服务的质量。而读者可以通过图书馆门户网站提交申请、反馈意见、咨询问题、定制个性化服务。

数字图书馆可以通过设置"留言簿""馆长信箱""书刊推荐""读者查询""交流园地""图书馆微博""官方博客"等方式提供交流咨询服务。

（四）信息导航服务功能

在网络时代，网上的信息资源浩如烟海，尽管各种网络搜索引擎应运而生，但是网络信息依然是无序的。信息查询既费时费力，又难以保证全面、准确，查询效率较低。因此，现代图书馆按照读者的使用习惯和需求，将各种载体、各种类型的信息资源进行合理的收集、科学的组织，并通过一定的服务模式为读者提供有效的信息导航服务。图书馆的信息导航服务一般有以下三种类型。

1. 学科资源导航服务

学科资源导航系统对纷繁的数字信息资源进行收集、加工和整理，形成各学科的网上虚拟资源导航库。用户可以通过浏览和查询这些资源库，以最快的速度和最短的时间获得有关学科的信息，使学科资源导航系统真正起到网络导航的作用。

2. 搜索引擎导航服务

读者通过百度等搜索引擎查找图书馆门户网站，可以快速进入不同的引擎链接，获得所需信息。

3. 链接导航服务

图书馆通过收集读者经常使用的网站链接地址，如兄弟图书馆、合作单位、从学术机构、公共信息服务平台，建立相应的链接导航服务，帮助读者从网站中获得所需信息。

第二节　高校移动图书馆服务

一、移动图书馆的概念

移动图书馆服务是指依托目前比较成熟的无线移动网络、互联网及多媒体技术，使用户不受时间和空间的限制，通过使用各种移动设备灵活地进行图书信息查询、浏览与获取的一种新兴的图书馆信息服务。

移动图书馆是数字图书馆的一个分支，它不仅具备数字图书馆的一般特征，而且还具备"可移动"的特征。这种"可移动"的特征表现在用户可以通过手中的便携数字阅读设备来浏览、下载、阅读数字资源。移动图书馆除管理传统意义上的报纸、图书、杂志资料外，还管理音频和视频文件。

二、移动图书馆服务的特点

作为移动通信技术与图书馆深入结合的产物，移动图书馆有鲜明的技术优势。它将移动互联网的移动联通性与图书馆所提供的服务相融合，为图书馆的服务工作打开了一个全新的局面。

（一）实时性和移动性

由于移动通信网络的移动性，移动图书馆能够摆脱时空的限制，实现随时随地互联。任何人在任何时间、任何地点都可通过移动终端获得信息，移动图书馆不仅方便读者获取信息，而且还能提高图书馆的服务效率。

（二）交互性

由于手机具有双向交互功能，用户可通过短信等形式进行咨询，实现馆员与用户之间的实时交流。同时，用户也可通过手机上网查询图书馆的馆藏书目，实现预借和续借的自助服务，这体现了服务的交互性。

（三）主动性和个性化

用户不再被动地接收信息或知识，而是根据自己的需求对信息进行选择，定制自己感兴趣的信息。移动图书馆让用户拥有更强的自主性和随意性，图书馆服务也由被动服务向强调用户个性需求的主动服务转变。

三、移动图书馆建设的意义

移动图书馆的建设是图书馆在移动技术、网络技术、云计算技术等方面发展的必然趋势，具有深远的意义。

（一）整合数字资源，实现应有的经济价值

数字资源整合是移动图书馆的重要特征。一方面，整合功能的实现，确保了各种数字资源及时、有序地传递到移动终端，用户可以借助各种移动终端进行检索与浏览；另一方面，移动图书馆借助移动终端，向读者及其他受众群体提供的相关服务会产生网络资源获取费用，这既维护了移动图书馆的公益特色，又实现了数字资源的经济价值。

（二）及时更新各种知识存储，拓展读者阅读范围

移动图书馆借助互联网、移动终端等，实现数字资源的查询、检索、存储、阅读。一方面，移动图书馆不仅以传统的文字、图片方式存储和传输信息，而且还通过音频、视频等方式存储、传输信息，以方便读者获取；另一方面，移动图书馆能够最大限度地拓宽读者阅读视野，及时更新各种知识，不断适应社会发展，满足读者对各种领域的信息需求。

（三）加快服务与管理信息化进程

移动图书馆对服务与管理信息化进程的加快，具有以下几个方面的作用。一是实现了图书馆的自动化管理。移动图书馆通过信息化网络设置和数字化资源分配，促进了信息快捷、高效传播，完成了资源共享、馆际互动、管理互通。二是加快了图书馆信息化进程。移动图书馆借助多样化的服务手段拓展了信息服务范围，提升了图书馆文献资源存储容量。三是提高了移动图书馆管理人员的信息化技能。现代信息技术与图书馆的有机结合，发挥了图书馆管理人员桥梁与导航的作用，促进了大数据技术与移动图书馆工作人员知识结构的有机融合。

四、移动图书馆服务模式

移动图书馆服务模式主要有 SMS、I-MODE、WAP、J2ME、IDB 等几种[①]。

（一）SMS 服务模式

SMS（short message service）服务实质上是一种短信的存储和转发服务。发送人的短信先通过 SMS 中心再转发给接收人，短信并不是点对点的，而是始终通过 SMS 中心进行转发的。如果接收人处于未连接状态（可能手机已关闭），那么短信将在接收人恢复连接时被发送。由于早期的移动通信技术以短信服务最为普及，SMS 服务模式相对较为成熟，移动图书馆的建设

---

① 叶莎莎，齐秀霞.国内外移动图书馆服务研究综述 [J].新世纪图书馆，2015（2）：84-91.

也是从手机短信开始的。图书馆采用 SMS 服务模式的业务主要包括下行业务和交互业务。下行业务是指读者被动地接收图书馆发送的短信，其内容包括图书馆开放时间通知、新书通报、预约提取通知、图书到期提醒、图书馆讲座通知、图书催还等。交互业务是指读者利用手机向一个特定的服务号码以短信的方式发送服务请求，其内容包括证件挂失、图书续借、个人借阅信息查询、问题咨询、文献查找等方面。由于 SMS 服务模式对硬件要求低，实现容易，几乎所有开展移动图书馆业务的图书馆都支持该服务模式。SMS 服务模式的优点为及时、快捷、费用低廉，其缺点在于消息格式简单，仅支持简单文本，无法传输图像、音频、视频等信息，因消息长度受限，难以实现复杂信息的检索，交互性能较差。

目前，国内绝大多数移动图书馆都能利用手机短信进行推送服务和定制服务。推送服务的内容有图书馆新闻动态、讲座通知、图书到期通知、图书逾期通知、图书归还通知、预约图书提取通知、新书到馆通报等；定制服务的内容有书目查询、图书预约、参考咨询等。

（二）I-MODE 服务模式

I-MODE 服务模式是一种移动电话服务模式，由日本 NTT DoCoMo 移动通信公司在 1999 年 2 月推出。I-MODE 用户可以随时连接因特网进行网页浏览、发送电子邮件、网上购物、网上订票、网上订餐等，与一般 PC 机拨号上网不同，I-MODE 更像专线上网，这种随时随地传送信息的方式深受用户喜爱。日本移动公司采用分组交互叠加技术和简化的 HTML 来编辑网站，使传统的 Web 网站很方便地转变为 I-MODE 网站。日本富山大学图书馆和东京大学图书馆均使用该技术开发 OPAC 查询系统，提供馆藏查询、图书催还通知、图书续借等服务。

（三）WAP 服务模式

WAP（wireless application protocol）是无线应用协议的简称，由 Motorola、Nokia、Ericsson 和美国的 PHONE.COM 软件公司倡导与开发，是一种向移动终端提供互联网内容和先进增值服务的全球统一的开放式协议标准，目前其最高版本为 WAP2.0。WAP 的最大特点是系统结构的灵活性和协议的开放性，并可利用开发语言的优势，开发出更具交互性的服务界面。采用WAP服务模式的网站可以提供比采用SMS服务模式的网站更为丰富和强大的功能。WAP技术已成为被大众广泛接受的无线联网方式，用户可以通过掌上终端设备访问图书馆的WAP网站，享受目录检索、开馆时间查询、电子期刊论文存取等服务。

目前，北京大学图书馆、清华大学图书馆、上海交通大学图书馆、复旦大学图书馆、西安交通大学图书馆、四川大学图书馆、兰州大学图书馆等纷纷开展了WAP服务，WAP服务模式成为目前国内图书馆普遍使用的一种服务模式。

（四）J2ME 服务模式

Sun Microsystems 公司将 J2ME 定义为"一种以广泛的消费性产品为目标的高度优化的 Java 运行环境"，其主要用于消费电子设备，如移动电话、可视通话、数字机顶盒、汽车导航系统。1999 年，JavaOne Developer Conference 大会正式推出了 J2ME 技术，Java 语言的特性就是与平台无关，而 J2ME 技术正好将这个特性移植到小型电子设备上，使得不同的移动无线设备可以共享应用程序。

J2MEde 开发是继 WAP 之后又一崭新的移动服务模式，采用 J2ME 服务模式的移动图书馆平台可以弥补 WAP 服务模式的不足，并且其在系统功能、交互性等方面均有较大提升。遗憾的是，并不是所有的手机都支持 Java 虚拟机。

（五）IDB 服务模式

IDB 服务模式是韩国 WISEngine 公司研制的数据库查询的核心技术，其原理是通过无线网络，利用移动终端的上网功能，在互联网上直接获取网络信息。使用 IDB 服务模式较为成功的例子是韩国西江大学图书馆。西江大学图书馆与韩国 WISEngine 公司在 2001 年合作推出移动图书馆服务，其中包含书目信息查询服务、个人借阅信息查询服务、在线预约图书服务。

第三节　高校图书馆 VPN 服务

一、VPN 简介

VPN（virtual private network）即虚拟专用网，是一门网络新技术，它是在因特网中建立一条虚拟专用通道，让两个远距离的网络客户能在一个专用的网络通道中相互传递数据信息。VPN 为我们提供了一种通过公用网络安全地对企业内部进行远程访问的连接方式。一个网络连接通常由三个部分组成，即客户机、传输介质和服务器。VPN 连接也由这三个部分组成，不同的是，VPN 连接使用隧道作为传输介质，这个隧道是建立在公共网络和专用网络基础上的，如因特网、内联网。

（一）VPN 技术的分类及其特点

根据用户使用情况和应用环境的不同，VPN 技术大致可分为三种典型的应用方式，即远程访问 VPN、企业内部 VPN 和企业扩展 VPN。远程访问 VPN 是指在远程用户或移动用户与公司、企业内联网之间建立的 VPN。企业内部 VPN 是指在一个组织内部连接两个相互信任的内联网，并在公司与分支机构之间建立安全的通信连接。企业扩展 VPN 是指企业与外部供应商、客户及其他相关利益群体之间通过公共网络构建 VPN，以便提供灵活安全的连接。VPN 是一种介于公众网与专用网之间的网，它将性能可靠、功能丰富的公众网与灵活、高效的专用网结合在一起。

VPN 具有以下几个特点。

（1）安全性。安全问题是 VPN 的核心问题。VPN 使用了四项技术来保证通信的安全性，这四项技术分别是隧道技术、加解密技术、密钥管理技术、用户与设备身份认证技术。

（2）节约性。VPN 可以充分利用现有网络资源，提供经济、灵活的联网方式，大大减少网络设备的维护费用，为客户节省设备、人员和管理方面所需的投资，降低用户的通信费用，使客户不必租用长途专线建设专网。

（3）广泛性。因特网可以很方便地通过 VPN 设备或软件构成各分支机构及总部之间的 VPN。

（4）可扩展性。VPN 的网络配置简单，容易扩展，因此无须增加太多设备。应用 VPN 技术可以很方便地增加或减少用户数量，可以灵活地增加 VPN 节点，而不会对原有网络造成较大影响。

（5）便于管理。图书馆可以将大量的 VPN 网络管理工作，如安全管理、设备管理、VPN 隧道管理，交由因特网服务提供方（ISP）或网络服务提供方（NSP）来统一实现。用户负责查验访问权、网络地址、安全性、网络变化等重要工作。

（二）VPN 技术的实现方案

在具体应用中，实现 VPN 的方案主要有以下三种：软件平台、专用硬件平台和辅助硬件平台。

1. 软件平台

当用户对数据连接速率、安全和性能的要求不高时，图书馆可以利用一些软件公司所提供的完全基于软件的 VPN 产品来实现简单 VPN 的功能，如 Check Point Software、Aventail Carp 公司的产品，甚至不需要另外购置软件，仅依靠微软的 Windows 操作系统就可实现软件平台的 VPN 连接。特别是从 Windows 2000 操作系统开始，对传统 IPsecVPN 的全面支持不仅有 PPTP 协议 VPN 方案，而且有 L2TP 协议 VPN 方案，这使 VPN 的应用得到前所未有的推进。

2. 专用硬件平台

使用专用硬件平台的 VPN 设备可以满足用户对数据安全及通信性能的需求，尤其是对加密等的需求。提供这些平台的硬件厂商比较多，如 Cisco、3Com、华为、联想。这类 VPN 平台需要大量的硬件设备，因此投资成本高。

3. 辅助硬件平台

这类 VPN 平台介于软件平台和专用硬件平台之间。辅助硬件平台主要是在现有网络设备的基础上，增添适当的 VPN 软件以实现 VPN 的功能。这是一种常见的 VPN 平台，其硬件不仅有网络设备，而且还有专业的 VPN 设备，如 VPN 交换机、VPN 网关、路由器。

二、图书馆 VPN 服务

随着图书馆电子资源的增多，图书馆利用率相应提高，校外访问量也相应增长。图书馆电子资源作为校内网络资源，由于受地址限制，一般只供校园网络用户使用，非校园网络用户无法登录校园网站，更无法利用图书馆电子资源。为满足非校园网络用户的需求，提高图书馆电子资源的利用率，很多学者对其做了深入研究。研究发现，利用 VPN 技术对图书进行远程访问是提高图书馆数字资源利用率的有效途径。

（一）VPN 技术在图书馆服务中的设计

目前，在实际应用过程中，VPN 有多种类型设计，应用最多的主要是站点到站点 VPN、远程访问 VPN 两种。

1. 站点到站点 VPN

站点到站点 VPN 连接的是两端局域网，一般用于校区总部与分部之间的连接，为了保证数据在公网中安全传输，不被窃听、修改，网站可以采用隧道加密和数据加密技术。站点到站点 VPN 中采用 IPSEC 协议来保密数据。IPSEC 协议定义了 IP 数据包的方式，把多种安全技术集合在一起，构建了一个安全而又可靠的隧道，保证了网络传输数据的完整性、真实性和私密性，为两个站点之间的数据传输提供了安全保障。

2. 远程访问 VPN

远程访问 VPN 是将一台单独的远程计算机连接到本网络中。安全套接层（secure sockets layer，SSL）协议是网景公司提出的基于 Web 应用的安全协议。SSL 用公钥加密，通过 SSL 连接来完成数据的传输工作，指定应用程序（如基于 HTTP 协议的应用程序）和底层协议之间进行数据交换的安全机制，包括服务器认证、客户认证、SSL 链路上的数据完整性和保密性。

远程访问 VPN 的优点：读者可直接使用浏览器完成操作而无须安装客户端软件，适用于大多数操作系统，安全性良好，维护成本低，部署简单。

（二）VPN 技术在图书馆服务中的应用

图书馆要实现 VPN 连接，其内部网络必须配置一台基于 VPN 的服务器，VPN 服务器既要连接内部专用网络，也要连接因特网。当客户机通过 VPN 连接与专用网络中的计算机进行通信时，先由 ISP 将所有的数据传送到 VPN 服务器，再由 VPN 服务器负责把所有的数据传送到目标计算机。客户机向 VPN 服务器发出请求，VPN 服务器响应请求并向客户机发出身份质询，客户机将加密的响应信息发送到 VPN 服务器，VPN 服务器根据用户数据库检查该响应，如果该账户有效，VPN 服务器将检查该用户是否具有远程访问权限，如果该用户具有远程访问权限，VPN 服务器接受此连接。在身份验证过程中产生的客户机和服务器之间的公钥将用来对数据进行加密。只要支持 PPTP 或 L2TP 协议的客户机，不管其采用何种操作系统，都可以和 VPN 服务器连接。

第四节　高校图书馆的发现系统服务

一、发现系统概述

发现系统是近年来出现的一种整合数字文献信息资源的新方式，是在跨库检索、信息导航、基于 OPAC 的信息整合等系统发展的基础上演变而来的。它是通过在后台预先建立一个集中索引库，然后在前台为用户提供单一检索框的方式，来实现用户对各类不同数据库和资源的一站式搜索。通过预先收割数据并建立预索引的方式，可以在一定程度上保障发现系统良好的相关性排序和高效的检索速率。

（一）发现系统产生的背景

1.资源整合的需要

随着图书馆数字资源的快速增长，图书馆资源建设的重心逐渐向数字资源转移。受海量信息资源的影响，图书馆必须提高数字资源的组织能力和整合能力，探索各类信息资源的新型整合方式。图书馆自身也一直在对数字资源进行各种方式的整合，如建立馆藏目录检索系统、期刊导航系统、数据库导航系统，提供文献传递服务。

2. 用户的需要

在互联网时代，用户对搜索引擎服务的依赖性越来越强，通常将搜索引擎作为信息搜索的起点，而不是图书馆的检索系统。搜索引擎吸引用户的主要原因包括以下几个方面：搜索方式简便快捷，无学习成本；用户不会受到专业术语理解方面的压力；Google Scholar 等搜索引擎可以提供海量的、形式丰富的信息内容，其服务范围已经远远超过了图书馆。尽管图书馆已经通过添加 Web2.0 社交元素、建设馆内资源整合检索系统等方式来提高服务水平和改善用户体验，但是各种被割裂的服务仍然使得用户无法获得良好的发现体验，同时也极大地影响了图书馆馆藏资源的利用效率。以图书馆业务为中心而开发的传统 OPAC 却与此相背离，对其进行简单修补已无法满足用户的信息需求，因此图书馆迫切需要找到一个更强大的可以替换 OPAC 的资源服务系统。

（二）发现系统的定义

发现系统是指系统供应商通过与出版社等内容提供商的合作，对海量的、来自异构资源的元数据和部分对象数据，采用分析、抽取等手段进行预收集，并将这些数据按映射转换规则转换为标准格式，纳入元数据标准体系中，进而建立索引，形成一个预聚合的元数据联合索引库，在本地或者远程中心平台提供统一的查询搜索服务。

对于发现系统的定义，我们可以从以下五个方面进行理解。①网络规模的发现。由一个预收割形式的主索引和拥有丰富功能的发现层组成，发现层提供来自馆藏资源、开放资源和订阅资源的一站式检索服务。②主索引，又称基础索引或统一索引。它是预收割形式的元数据与包含 WDS 服务的全文文献的集合。主索引通常包括系统商的全文与引文，OA 的全文与元数据，已订购数据库的全文、摘要和索引，馆藏目录的 MARC。③发现层。用户界面与用于发现、展示，并与图书馆内容系统相互作用的检索系统，如 WSD 的主索引。④预收割索引。元数据与全文文献系统定期进行积累，并在检索前进行预处理；集中不同来源的数据并将其加工成中央索引。⑤相互许可内容。相互许可内容由图书馆和 WDS 出版商共同规范，使得授权用户可以检索并浏览结果。

（三）发现系统的优点

发现系统是通过一个简单的检索接口，对预先索引好的元数据仓库进行检索，并返回统一检索结果的一类检索服务系统。发现系统能够帮助用户获取数量越来越多、类型越来越复杂的各类资源，并在一定程度上提高图书馆所购买或租用的数据库或检索系统的利用率。

1.分析处理大量的资源数据

信息资源数据库、电子出版物库、索引数据库等通常具有非常大的数据规模，这给文献资源的检索和发现带来许多问题。发现系统可以对大量的数据进行提取、过滤、转换、集成，以便其从中发现用户所需要的各种信息资源，实现原始数据向有价值资源的转化。

2.分析处理多种类型的资源数据

数字文献数据的特点包括数据结构的不固定性、数据格式的多样性，发现系统可以对所有收录的不同类型、不同格式的资源数据进行处理。

3.组织和管理检索数据

目前，发现系统包含的资源数量非常大，其需要对系统中进行的检索和检索得到的资源元数据结果进行组织与管理，同时将检索历史和检索结果集存在云端，实现检索的云服务模式。

4.全面分析所发现的资源

根据用户选择的检索条件和策略所获得的资源结果数据必须是可以进行进一步分析和利用的。发现系统可以对获得的检索结果进行全方面分析，以使其体现出价值。

发现系统产生的目的就是满足高校学术和科研的信息资源需求，因此发现系统在学术和科研中具有极其重要的现实意义。

二、发现系统的特点与分类

(一)发现系统的特点

目前，建设和应用各类发现系统的图书馆及信息机构已经超过一万家。通过对发现系统的观察和了解，我们将发现系统的特点概括为以下几个方面。

1.云计算技术支撑环境

发现系统普遍采用 SaaS 服务架构作为支撑，将预索引元数据库部署于云端中，由系统服务提供商进行统一更新和维护，此举大大节省了图书馆建设、使用、管理发现系统的成本。

2.资源聚合

发现系统的元数据来源于不同的数据库，其他类型的资源来源于因特网或者各类资源提供商，发现系统将这些繁杂的资源记录聚合到标准的预索引数据库中，并为用户提供检索服务。资源聚合是发现系统区别于其他检索系统的最显著特点。

3.检索速度快，查全率、查准率高

在预先建立的元数据和全文索引的支持下，发现系统可以在毫秒级时间内完成检索指令，并在几秒内就可以将检索结果全部呈现给用户，有效地提升了检索效率。同时，发现系统在预先建立元数据和全文索引的过程中，对相关数据进行了规范化、丰富化处理，有效提高了检索结果的查全率和查准率。

4.良好的检索体验

发现系统为用户提供单一检索框，既可以对用户输入的单个关键词进行检索，也可以对用户输入的多个关键词（用分隔符隔开）进行检索。在此基础上发现系统还可以利用分面聚类功能，对较大的检索结果集进行多维的筛选或精练，极大地优化了检索体验。发现系统对检索结果有多种处理方式，如导出、打印、分享到社交网络、发送电子邮件。

5.全文无缝链接

通过开放链接及相关技术，发现系统指定电子资源内嵌许可范围内的全文链接，使读者快捷地获取资源全文；发现系统将纸质资源链接至馆藏信息，方便读者了解馆藏位置、借阅信息等。对于未购买的数据库资源，发现系统还可以将全文获取请求发送到文献传递平台，通过文献传递平台来实现资源全文的获取。

（二）发现系统的分类

1.按发现系统的开发形式划分

按发现系统的开发形式，可将发现系统划分为以下几种类型。

（1）开发商提供的发现系统。开发商直接将已经在使用的成熟的发现系统提供给图书馆，由系统提供商为图书馆提供安装、配置等服务。

（2）开发商提供的二次发现系统。二次发现系统是在系统提供商提供的原型发现系统的基础上，根据图书馆自身的特点和需求，对原型发现系统进行个性化定制和修改，形成的一个具有个性化功能的发现系统。图书馆可以根据资源覆盖面和用户需求的变化进行模块的调整、资源的增删，并提供相应服务。

（3）图书馆自主研发的发现系统。图书馆自主研发的发现系统最贴近图书馆功能的实现和用户需求。国内很多高校图书馆都已经推出了自己研发的发现系统，如清华大学图书馆、北京大学图书馆、上海交通大学图书馆。

2.按发现系统开发商的性质划分

按发现系统开发商的性质，可将发现系统归纳为以下几种类型。

（1）由数据库服务商推出的发现系统。数据库服务商拥有大量的数据资源，它们是世界上影响力最大的文摘、索引和全文数据库的生产商，甚至其自身就是大型的期刊或图书出版商。它们基于检索系统或联邦搜索系统中的技术，进一步推出了发现系统。这类发现系统的主要代表有 WCL、EDS、Summon 等。

（2）由图书馆集成系统开发商推出的发现系统。图书馆集成系统开发商虽然没有自己的数据资源，但是它们积极采用和推行开放标准，更加强调资源的开放性和包容性，并且在搜索技术方面有着先天优势。它们在建设大型集中索引时，需要与众多大型的数据库供应商签订元数据收割协议。这类发现系统的主要代表是 Primo。

三、发现系统的服务模式

目前主流的发现系统有两种服务模式：一种是单一云服务模式，另一种是混合云服务模式。单一云服务模式，即单纯的云计算服务模式，采用云计算技术，访问部署在云端的所有元数据和服务，图书馆本地不需要安装任何软件，只需要租用发现系统的服务，并将各个系统之间的接口配置好即可。混合云服务模式，即混合的云计算服务模式，指图书馆购买软件或者租用发现系统的服务，部分数据部署在本地服务器，部分数据部署在云端。同时，本地服务器系统负责响应用户，提供馆藏 OPAC 数据、机构仓储、特色馆藏数据等的检索服务。作为发现系统核心的中心索引库仍存放在云端，以 SaaS 的模式提供检索服务。

单一云服务模式的优势在于可以有效地节省图书馆在本地硬件和维护服务方面的投入成本，但同时图书馆对云端数据缺乏控制能力；混合云服务模式对本地数据的同步和保护有帮助。

四、国内外发现系统的发展现状

（一）国外发现系统

国外市场上的发现系统主要有四种。ProQuest 旗下 Serials Solution 公司在 2009 年 7 月推出了第一款网络级发现系统 Summon。同月，ExLibris 公司公开了 Primo Central 元数据仓储的建设进展情况，其发现系统 Primo 测试版也于 2010 年 1 月发布，同时它将原有的 Primo 架构集成到 Primo Central 和馆藏目录系统之上。OCLC 于 2007 年 11 月推出了全球第一款 Worldcat Local 系统，提供馆藏资源和电子资源的一站式检索。随着 OCLC 与数据库商的不断合作，Worldcat Local 集成了元搜索功能，并于 2010 年开始提供网络级发现服务。此后，EBSCO 公司发布了 EDS 发现系统。

（二）国内发现系统

1.超星中文发现系统

超星中文发现系统是一个基于海量知识挖掘与数据分析的发现系统，

它以数十亿元数据记录为基础，对复杂的异构数据库群进行集成整合，可以完成高效、精准的学术资源检索，在此基础上通过引文分析、知识关联分析、分面聚类等功能，为读者提供具备完善的知识挖掘与分析功能的发现系统。

超星中文发现系统具有以下几个特点：①全面地发现中文资源，每周更新两次元数据；②精准地发现中文资源，由多个强大的专业级词表库支持；③具备完善的中文引证分析，能够区分自引和他引；④具备灵活的分面分析功能，可以从"馆藏分面""类型分面""关键词分面""核心期刊分面"等多个分面进行分析；⑤具备可视化的知识关联图谱；⑥分析学术趋势；⑦智能地辅助搜索；⑧无缝对接地获取各类全文。

2. CNKI 学术资源发现平台

CNKI 学术资源发现平台是一个跨语种、跨文献类型、的权威学术资源发现平台，它包括各类学术文献，如期刊、专著、学位论文、会议论文、图书、专利、标准。它利用先进的智能标引和深度知识挖掘技术，实现文献和知识链接，建设全球范围的知识网络，打造一个基于知识发现的统一学术资源发现平台。

3. 维普智立方知识发现系统

维普智立方知识发现系统是重庆维普资讯有限公司推出的知识资源服务平台，力求满足资源发现、情报服务、知识管理的多层次需求，为图书馆、科研机构或个人提供全方位、基于云平台架构的一体解决方案。维普智立方知识发现系统具有以下几个特点。

（1）资源发现价值。维普智立方知识发现系统整合了中外文期刊、学位论文、会议论文、专利、专著、标准、科技成果、产品样本、科技报告、政策法规等多种文献类型，并且提供一站式检索和全文保障服务，提供分面聚类、相关排序等多种检索结果寻优途径。

（2）知识管理价值。维普智立方知识发现系统支持对文献知识对象的标识和粒度分析，同时支持对客户本地特色资源、文献之外的科学数据等相关资源的整合扩展，这有助于构建适合本单位的知识体系、实现机构的学科评估等功能，从而实现真正意义上的知识管理，以达到知识产出不断创新的目的。

（3）情报服务价值。通过对文献中涉及的各类知识对象（如领域、主题、学者、机构、传媒、资助）进行唯一标识、粒度分析、关联呈现，实现从情报分析视角深入挖掘隐含知识关联，同时提供学科研究方向分析、竞争情报动态连续追踪等服务。

（三）国内外发现系统的对比

1.服务方式

在服务方式上，Summon、EDS、超星均采用云计算的方式。云计算模式使图书馆无须在本地安装服务器，不占用本地资源，是目前的主流服务模式。Primo 所采用的混合云服务模式将元数据部署在云端，将馆藏资源和自建资源部署在本地。这种模式的优点是可以消除某些图书馆不愿意将自有数据提供给商业公司的顾虑；可以将某些中文数据库中的元数据纳入本地元数据仓，解决国外部分发现系统不支持中文数据库的问题。

2. OPAC 系统整合

在与本馆 OPAC 系统整合方面，各发现系统的整合深度存在差距。国外发现系统在提供馆藏信息链接、直接调用 OPAC 功能与界面上更具优势，基本能够对不同类目之间的复杂关系进行揭示。而国内发现系统的本地化整合局限在数据层面，仅仅辅助读者找出资源，没有实现对资源内容的深层次标引，以达到知识发现的程度。

3.商务因素

发现系统的购买与实施需要密切的配合与沟通，其价格模式和开放性是产品考察中必须考虑的问题。在价格模式方面，数据库商和系统开发商所采用的产品收费方式略有不同。数据库商只收取资源使用费，一般按年度计算，如 Summon、EDS；系统开发商在收取年服务费的同时，还加收系统的初次安装费，如 Primo。在开放性方面，国外发现系统均为开放系统，未购买或未注册的用户也有权查看系统的界面并使用其查询功能，除无法登录个人空间和借阅资料外，其可不受 IP 地址的限制自由访问该系统并进行资料的查找。而国内的超星并非开放系统，用户只有通过购买或注册的方式才能进行系统的各项操作。

第六章　互联网时代的智慧化学科服务体系

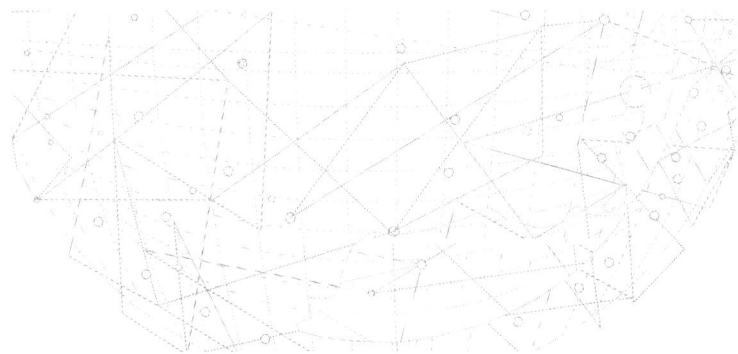

信息化与数据资源环境的变化，使得各类科研要素（如数据、文献、硬件设施、机构、人员）日益走向信息化和数字化。一方面，数字化数据的海量涌现，以及可视化工具的出现，使得数据的挖掘、模拟、仿真与试验成为现实，科研本身在悄悄地发生变化；另一方面，数字网络技术的发展，使得科研人员获取知识与数据的方式也发生了巨大的变化。各种公开网站、开放获取平台等使得研究者的自我驱动与自我组织能力不断增强，兴趣与问题驱动式学习促进了研究者创造性地修正、回答与解决问题，进而构建新的知识体系。面对大数据环境，高校图书馆的学科服务也要进一步创新。它不仅需要图书馆有效地组织数字知识资源、信息资源体系，支持用户进行知识挖掘、计算、试验与评估，而且还需要馆员对信息资源的结构与规律进行深度理解，熟练应用数据挖掘与分析工具，以学科信息资源分析专家的身份协助学科服务对象，构建智慧化学科服务体系。本章对互联网时代智慧化学科服务体系的建设进行了探索，分析了其内涵、特征与框架内容。

第一节　智慧化学科服务体系建设的必要性

学科服务的内容最初主要是馆藏建设与发展、学科联络，最近则是强化与专业学习、教学、科研紧密相连的用户信息素养教育。近几年，随着出版业数字化、信息服务网络化、学术交流虚拟化发展速度的加快，高校图书馆的学科服务面临的挑战和机遇也逐渐增多。

从 1987 年在《赣图通讯》刊物上有正式介绍"学科馆员"专业队伍的建立[①]开始，学科服务已经历了三个发展阶段、实现了两次跨越。三大发展阶段，即介绍、宣传和尝试阶段（1987—1999 年），高校实践和快速发展阶段（1999—2005 年），学科化服务实践与学科馆员制度并行阶段（2006年至今）。两次跨越：第一次是从传统的以图书馆端为标志的服务模式转向将服务推向客户端的服务模式，具有变革性；第二次是图书馆服务的整体

---

① 陈京.建立一支"学科馆员"的专业队伍（摘要）[J].赣图通讯，1987（3）：58-59.

迁移，并探索嵌入用户科研过程的学科化服务，具有深入性①。近年来，"学科服务"逐渐取代"学科化服务"，成为学科馆员服务的统称②。

20世纪90年代以来，随着外部环境和信息手段的迅速发展，高校图书馆的服务一直保持着创新与改革。陈汝龙在1995年论述了信息化发展促进了学科馆员的专业集成化服务③，张晓林在2003年提出了数字化网络化的现代信息环境下，高校图书馆应提供什么模式的信息服务④，之后关于互联网对高校图书馆服务影响的文献日益增多。国家教委（现为中华人民共和国教育部，以下简称"教育部"）在1987年颁布了《普通高等学校图书馆规程》，教育部在2002年对其进行了修订，明确了信息时代高校图书馆的性质、服务方向及其地位，明确了"信息化"服务的中心任务，体现了高校图书馆在信息时代及网络环境下的特征及作用。随着改革的推进，以及信息化、网络技术的发展，图书馆的信息服务环境发生了变化。2015年，教育部对《普通高等学校图书馆规程》再次进行了修订，修订原则之一就是"文献资源数字化和校园信息化的发展大大扩展了图书馆功能，需要做一些引导性的规定来指导高校图书馆工作"。

一、智慧化学科服务体系有助于开拓图书馆新业务

互联网环境使网络数据技术快速发展，同时也给图书馆带来猛烈冲击，引发图书馆的转型与变革。数字图书馆的建设、开放获取平台开始成为主流，移动用户数量的快速增加使得高校图书馆的嵌入式服务模式不断深入推进，北京大学图书馆强调"融入教学、嵌入科研"，其中嵌入包括目标嵌入、功能嵌入、流程嵌入、系统嵌入、时空嵌入、能力嵌入、情感嵌入和协同嵌入。

学科服务成为图书馆重要的发展方向，涉及参考咨询服务、专题信息

① 吕俊生.从"学科馆员"到"学科化服务"：我国图书馆服务的两次跨越[J].图书馆论坛，2011，31（5）：132-134，103.

② 沈洋，李小平.大数据背景下高校图书馆学科服务的创新发展研究[J].新世纪图书馆，2017（1）：46-49，55.

③ 陈汝龙.论高校图书馆的最新变革：实行学科馆员与专业集成化服务[J].上海交通大学学报（社会科学版），1995（1）：103-105，112.

④ 张晓林.构建数字化知识化的信息服务模式[J].津图学刊，2003（6）：13-16，80.

服务、信息素养教育服务、教学支撑服务、知识发现情报分析服务、知识产权信息服务、知识资产管理服务、数字学术服务、科学数据服务和学科知识服务工具的利用。图书馆不再以传统的纸质资源借阅作为其主业，它开始从"图书资源中介"走向"教学科研合作伙伴"。借助资源导航系统、信息检索系统、数据利用与处理工具、大型数据库等，高校图书馆的服务内容开始从文献信息服务转向数字化知识服务，为用户提供更多的情报分析与知识发现服务，强调数据素养与创新挖掘能力的提升，服务深度不断增强，重视个性化服务和基于科学研究的服务。

二、智慧化学科服务体系便于满足用户的潜在需求

了解和把握用户需求是图书馆满足用户需求的重要前提。学科服务体系的创新建设，激励学科馆员深入院系基层和科研一线，通过与院系基层人员、科研人员之间的不断互动与合作，直接观察与引导用户需求。从学科服务角度而言，学科馆员只有深入用户的教学与科研过程，才能真正体现图书馆员的价值与作用。

学科馆员只有参与科研项目的整个过程，才能更好地了解科研人员对与信息资源相关的特定研究的需求，尤其是对数据资源获取的需求。学科馆员可以充分发挥自己在信息数据方面的专长，通过协同合作，帮助科研人员获得基金。在不断的合作过程中，学科馆员可以根据科研需求提供新的用户服务，满足用户的潜在需求。

三、智慧化学科服务体系有助于加快图书馆转型

传统的图书馆以文献服务和信息服务为基础，而在互联网环境下，知识的产生、存储与使用均发生了巨大的变化，科学研究的学科跨度越来越大，越来越多的知识以数字形式存在，高校图书馆提供的文献数据库已经不能满足用户的需求。同时，用户获取科研知识的途径与方式越来越多样化，百度等搜索引擎已被人们熟知，并且可以对知识进行组织、分析、重组与推送。知识服务时代的到来，极大地推动了图书馆转型。学科馆员提供学科服务，通过融入学生的学习环境、教师的教学环境和科研人员的科

研环境，帮助他们解决学习、教学与科研中出现的问题，发现其中隐含的知识或模式，以实现服务的升级与更新①。中国科学院国家科学图书馆在 2003 年实施了"资源到所，服务到人"的战略，并在 2006 年实施了"融入一线，嵌入过程"的战略，建设专职学科馆员团队，深入科研一线，提供到所、到组、到人的信息服务、知识服务②。2013 年，北京大学图书馆借助机构调整，建立了学科资源建设与学科服务双轨制的学科馆员组织模式，它由学科资源建设团队（学科采访馆员）和学科服务团队组成。学科资源建设团队通过选择和购买文献资源的方式来支撑学校的学习、教学、科研和管理，学科服务团队则以个性化、针对性强的服务满足用户的学习、教学与科研需求。

目前，很多高校图书馆开始注重学科服务创新，建设智慧化学科服务体系，然而这也是说明知识服务取得了一定的进展，现实中仍有很多问题需要解决。随着学科服务创新的不断深入，图书馆的各个层面、各个环节开始做出相应调整与改变，图书馆的资源逐步得到数字化和网络化的加工、开发与利用，图书馆转型的脚步在不断加快。

第二节　智慧化学科服务体系的内涵与特征

一、智慧化学科服务体系的内涵

随着互联网对社会各方面影响的不断深入，用户信息行为与科学研究环境出现很多新变化，实体图书馆作为文献信息媒介的作用不断弱化，图书馆不再是用户获取科研数据库的唯一途径。仅仅以沟通联络为特征的学科服务已经无法满足互联网环境下教学科研的需求，智慧化学科服务体系

---

① 杨蔚琪.嵌入式学科服务：研究型大学图书馆转型发展的新思路[J].情报资料工作，2012（2）：88-92.

② 韩丽.泛在图书馆环境下嵌入式馆员的泛在化服务[J].图书情报工作，2010，54（1）：71-74.

由此产生。

刘颖等将学科服务在互联网时代的发展称为"嵌入式学科服务"[①]，而初景利等将其称为"泛在化学科服务"[②]。笔者认为，智慧化学科服务体系是大数据环境下高校图书馆的发展方向与重点，是图书馆服务面向互联网时代的业务转型与升级，是智能化技术、图书馆业务与学科馆员智慧结合的产物，是图书馆服务发展的必然选择。它要求图书馆使用数字化、网络化、智能化的信息科学技术与手段，将图书馆的信息资源进行互通互联，为用户提供更加高效和便捷的服务；要求图书馆建立专业化、个性化的服务链条，提供精准、到位的集成知识资源；要求学科馆员充分利用信息知识和工具，帮助用户挖掘、组织海量信息的潜在规律，嵌入科研过程并提供知识增值服务。简而言之，智慧化学科服务体系就是智能化技术、学科馆员智慧、图书馆业务与管理的总和。

二、智慧化学科服务体系的特征

（一）知识共享化

建立在智能化基础上的学科服务体系，使用互联网技术将图书馆中相互独立的资料文献进行加工整理，实现用户与数据平台之间的智能连接，实现知识信息共享。智慧化学科服务体系可为用户提供全方位和一体化服务，通过知识与管理共享平台，解决用户各种各样的问题，同时为查找数据资源节约更多的时间，提供更加便捷的优质服务。

（二）需求个性化

每个科研人员的研究领域都不尽相同，其对文献调查梳理、学科前沿、学科发展动态的需求有差异，这就要求学科馆员针对每一个用户对文献、资源数据的需求提供个性化、差异化的学科服务。教学、科研用户不是基

① 刘颖，黄传惠.嵌入用户环境：图书馆学科服务新方向 [J].图书情报知识，2010（1）：52-59.

② 初景利，吴冬曼.论图书馆服务的泛在化：以用户为中心重构图书馆服务模式 [J].图书馆建设，2008（4）：62-65.

于图书馆现有的资源，而是基于自身的特色化需求，要求学科馆员提供个性化服务。

（三）服务精准化

面对浩如烟海的数据资源与信息，如何快速准确地查找文献资源、得到指导服务是衡量现代高校图书馆服务质量的重要标志。智慧化学科服务体系就是借助智能技术，建立更加灵敏的管理与反馈机制、更加智能的信息数据系统，以及更加完善的服务与科研跟踪体系，为教学、科研用户提供更加精准的服务。

（四）渠道多元化

智能化学科服务体系重视人文关怀，强调为用户提供的服务及其服务效果，秉持"用户在哪里，服务就在哪里"的工作态度，为教学、科研用户提供多元化服务渠道。学科馆员既可以在图书馆提供咨询、培训服务，也可以在网络平台上提供信息资源获取与数据处理的指导服务。同时，学科馆员还可以深入教学、科研一线进行专门化、针对性的服务，让用户能够在每时每刻享受到智慧化学科服务体系所带来的便利。

第三节　智慧化学科服务体系的框架内容

智慧化学科服务体系强调以人为本，从科研用户的需求出发，进行服务内容与服务方式的规划调整和设计，借助资源、工具、方法、专业知识等，提供高质量的信息化学科服务。本书的重点是针对教学、科研用户的学科服务，主要包括基于资源搜索与使用的参考咨询服务、基于数据获取与处理的数据素养服务、基于文献信息与数据的学科支撑服务、基于数据挖掘与分析的决策支持服务、基于数据服务与反馈的个性化服务。

一、基于资源搜索与使用的参考咨询服务

大数据具有开放性、跨界连接性和易获得性，大数据挖掘和分析可为图书馆的参考咨询服务提供一定的参考依据和良好的预测依据。在互联网环境下，紧跟教学、科研需要，借助大数据分析技术（如机器自学习分析、数据挖掘、统计分析），有效地了解教学、科研用户的数据信息需求及其问题，及时解答相关问题并提供最优化的数据利用解决方案。

二、基于数据获取与处理的数据素养服务

互联网时代使得数据获取不再是用户的最终目的，数据的价值主要体现在使用，而非占有。因此，在互联网时代，学科馆员应努力为用户提供基于数据获取与处理的数据素养服务，帮助高校师生挖掘数据的潜在价值，提高数据的利用率。数据素养服务主要体现在数据解读、数据管理、数据利用、数据评价、数据存取等方面，强调对数据的操作和使用。学科馆员要具有高效发现、评估与使用信息和数据的意识和能力。

三、基于文献信息与数据的学科支撑服务

在互联网时代，随着数字图书馆的普及，高校图书馆借助学校网络、数据服务商等的网络技术优势和电子资源优势，开始向用户提供越来越多的资源与信息。然而要想真正为教学、科研机构提供定位准确的信息资源，高校图书馆必须创新其服务内容与模式，充分利用现代信息技术和学科馆员的专业知识对图书馆的服务进行提升与拓展。互联网时代的智慧化学科服务体系就是高校图书馆根据教学、科研的计划、安排，有组织地开展旨在帮助教师、学生和科研人员改善与提升教学、学习、科研过程，实现教学、科研目标及世界一流学科建设。

四、基于数据挖掘与分析的决策支持服务

在互联网时代，科研数据成果的统计与整理对学校的学科建设和发展起着至关重要的作用。高校图书馆在做出资源配置和发展方向决策之前，

需要进行大量的信息分析。高校图书馆的决策支持服务是指图书馆员利用专业的文献搜集技能和情报分析方法，对多渠道信息进行筛选归纳、数据统计、综合分析，形成系统的决策知识产品，供管理决策者在短时间内全面掌握信息。它以管理部门的需求为目标，以图书馆丰富的文献资源、数据资源为基础。

五、基于数据服务与反馈的个性化服务

个性化服务是互联网环境下学科服务发展的必然趋势，是满足用户多样化、专业化需求的高层次学科服务模式，能够帮助用户在有效的时间内得到精准的信息资源。其主要任务是构筑一套追踪用户需求、了解用户研究方向、推送数据资源的反应机制，在图书馆资源与用户之间搭建一座沟通的桥梁，随时随地解决用户咨询的问题。

第四节　智慧化学科服务体系的优秀案例

学科服务在我国高校图书馆的开展由来已久，其中有很多优秀案例值得借鉴。

一、广东省科技图书馆（广东省科学院信息研究所）

广东省科技图书馆（广东省科学院信息研究所）成立于 1958 年，曾先后被命名为中国科学院广州分院图书馆、中国科学院中南分院图书馆、中南科学图书馆，1978 年更名为广东省科技图书馆，1987 年经广东省人大六届五次会议决定向全省人民开放，2015 年加挂"广东省科技信息与发展战略研究所"牌子，2020 年加挂"广东省科学院信息研究所"牌子。

广东省科技图书馆（广东省科学院信息研究所）虽然不是高校图书馆，但是其重点服务于全省科研院所、大中专院校、企事业单位的广大科研人员及其他各界读者，秉持着"服务科研、服务科普、服务决策"的宗旨。广东省科技图书馆（广东省科学院信息研究所）的特色学科服务主要集中在

三个板块，即"科普服务""智库服务"和"特色专题"。

"科普服务"板块主要面向普通大众，传播科学思想、倡导科学方法、普及科学知识、推动全民阅读、提升公民科学素质。

"智库服务"板块包括科技查新、引证检索、情报服务等内容。科技查新、引证检索可以为企业研发人员和科研工作者的课题申报、职称评审等提供材料支持。情报服务内容如表6-1所示。

表6-1 广东科技图书馆（广东省科学院信息研究所）情报服务内容

序号	情报服务	服务内容
1	产业动态监测服务	面向政府、科技型企业及科研机构，依据用户需求建立全面系统的监测体系，对国内外竞争对手和重点关注对象进行发展战略、研发动向、技术成果、市场运营、知识产权等方面的动态监测，持续、及时地为用户推送其密切关注的产业情报
2	产业技术情报服务	针对特定产业技术领域或专题，开展全面深入的综合性研究，包括国内外产业发展战略与规划、产业发展现状与趋势、科技文献与技术发展趋势、市场调研与行业信息研究等
3	学科态势分析	根据用户的调研目的，运用文献计量学方法，结合多种信息分析工具及评价方法，从文献的角度对机构或个人的科研产出、学术影响力等进行分析和评价，并出具分析报告
4	专题情报检索、研究	针对特定产业技术领域或专题，开展全面深入的综合性研究，包括国内外产业发展战略与规划、产业发展现状与趋势、科技文献与专利产出、技术发展趋势、市场调研与行业信息研究等
5	机构科研竞争力评估	根据用户的调研目的，运用文献计量学方法，结合多种信息分析工具及评价方法，从文献的角度对机构或个人的科研产出、学术影响力等进行分析和评价，并出具分析报告
6	知识产权服务	根据用户需求开展专利检索、专利跟踪预警、专利态势分析、专利导航、知识产权评议等服务。对特定主题可进行技术发展态势、竞争对手专利布局、核心专利挖掘、专利预警等深层次专利情报服务

序号	情报服务	服务内容
7	信息素质教育	根据用户需求，组织和调度各类培训资源，为用户设计个性化培训方案，提供富有针对性、实效性的培训服务，以提高用户的信息利用水平

"特色专题"板块包括监测快报、新兴产业库。监测快报一般每年 12 期，每一期都支持全文下载。"监测快报"页面如图 6-1 所示。

企业创新态势监测快报

2021	2021年第一、二期（目录）	2021年第三期（目录）	2021年第四期（目录）	2021年第五期（目录）
	2021年第六期（目录）	2021年第七期（目录）	2021年第八期（目录）	2021年第九期（目录）
	2021年第十期（目录）			
2020	2020年第一期（全文）	2020年第二期（全文）	2020年第三期（全文）	2020年第四期（全文）
	2020年第五期（全文）	2020年第六期（全文）	2020年第七期（全文）	2020年第八期（全文）
	2020年第九期（全文）	2020年第十期（全文）	2020年第十一期（全文）	2020年第十二期（全文）

图 6-1 广东省科技图书馆（广东省科学院信息研究所）"监测快报"页面

二、复旦大学图书馆

1918 年，学生集资购书成立戊午阅书社，复旦大学图书馆初创，现由文科馆、理科馆、医科馆、张江馆、江湾馆（李兆基图书馆）、古籍部（国家古籍重点保护单位）组成，馆舍总面积 6 2137 平方米，阅览座位总数 4 490 个，周开馆时间 105 小时，日均接待读者 7 000 多人次。

截至 2021 年底，馆藏纸本文献资源约 591.06 万册（含纸本图书和期刊合订本），其中中文 465.97 万册（含线装古籍约 37 万册，包括善本 6 万册，民国时期图书 10 万册），外文 125.09 万册，订购中外文数据库 643 个，自建数据库 13 个。当年购置纸质中文图书 107 267 册，外文图书 15 622 册，中文报刊 1 351 种，外文报刊 600 种，新增数据库 30 个。特色馆藏包括古籍、民国时期文献、外文图书、复旦人著作及各类专题赠书。

复旦大学图书馆是国家古籍重点保护单位，中国高校人文社会科学文献中心（CASHL）的两个全国中心馆之一，设有教育部面向全国和华东地区的外国教材中心教育部文科外文图书引进中心书库、欧盟图书专架、教育部科技查新工作站（综合类）、上海市科委科技查新站（计算机与生物）、图书馆学硕士培养点、中国索引学会秘书处，承担《中国索引》杂志的编辑出版工作。

图书馆除提供常规的书刊借阅服务外，还提供各类电子资源检索、通借通还、馆际互借、文献传递、咨询解答、科技查新、查收查引、读者培训、自助复印、扫描等服务，并为各类读者开设文献信息检索课程，培养图书馆学硕士。

近年来，图书馆本着"服务第一，读者至上"的理念，继续加强馆藏建设，扩展和深化服务，深入院系开展学科服务。引进新技术，更新服务方式，提升服务理念，发挥图书馆文献资源保障和创新服务的功能作用。

复旦大学图书馆在学科服务上处于全国领先地位，其专门设立了学科服务网站，用于服务校内师生与校外科技工作者。

复旦大学图书馆提供的学科服务主要包括教学与学习支持、科研与创新支持、学科数据与评估。

在"学科数据与评估"板块，《复旦学科年报》是根据各院系具体需求，为其定制的科研产出分析年报。它帮助院系从科研产出方面把握学科现状，对比国内外学科所处地位及优劣势，跟踪评价人才引进，学科发展态势，进而为制定学科发展策略提供数据支持与分析参考。《复旦学科年报》的内容包括：①院系 ESI 学科评价排名及 ESI 学科贡献度分析；②院系论文、专著、专利等科研产出的影响力分析；③院系人员科研产出年度表现及影响力分析；④横向对比国内外高校对标院系或学科的科研竞争力分析；⑤院系提出的其他个性化需求。

"复旦专利动态"是复旦大学图书馆开展学科服务的一个重要内容，其是对一个时间段（一般是一个季度）内复旦大学申请的已公开的专利进行的专利分析。专利分析内容包括所有专利的研究领域划分、研究热度、专利强度，以及高价值专利的推介等，该专利分析内容及时、全面，对科技工作者起到了很好的引领作用。负担大学专利分析报告内容如图 6-2 所示。

2021 年第 4 期 总第 14 期　　复旦大学知识产权信息服务中心

表 1　复旦大学 2021 年第 4 季度高强度专利

公开号	专利名称	发明人	二级机构	专利类型
CN109913965B	一种共碱体系原位自组装纤维素/石墨烯复合纤维及其制备方法	卢红斌; 马建华; 王鹏; 潘绍学; 张佳佳; 刘沛莹; 刘意成; 吴天琪	高分子科学系	发明
CN110635932B	一种基于 OpenStack 控制平面的虚拟网络性能的优化方法	吴杰; 严明; 徐佳玮; 王晗; 李璟崭	计算机科学技术学院	发明

图 6-2　复旦大学专利分析报告内容

第七章　互联网时代的个性化学科服务

个性化服务是互联网环境下学科服务发展的必然趋势，是满足用户多样化、专业化需求的高层次学科服务模式，能够帮助用户在有效的时间内得到精准的信息资源。美国图书馆协会对个性化服务的定义是"一种用户驱动的、可定制的信息服务，它允许用户创建便捷网页并从图书馆获取信息资源列表"。

第一节　个性化学科服务的理论基础

用户兴趣的挖掘与用户需求模型的建立是实施个性化学科服务的重要理论基础。杨学明等使用语义元素或路径进行用户兴趣识别和测算[1]，褚红丹等利用页面访问次数、浏览时间、页面信息量大小等数据，构建基于兴趣度的用户访问模式挖掘算法[2]。互联网环境下，信息资源的广泛存在给用户寻找感兴趣的信息资源增加了困难。如何在短时间内提供精准的信息资源，是高校图书馆在互联网时代提供高效学科服务的关键。

在与用户协作的过程中，用户信息反馈对高校图书馆个性化学科服务体系的构建具有重要意义。图书馆可以将相关反馈技术与个性化技术引入个性化学科服务系统，构建基于用户反馈的个性化知识服务模型，这不仅可以为用户提供主动请求与被动推荐两种个性化知识服务，而且还会考虑用户个性化知识需求的多样性与随机性[3]。基于用户反馈的个性化学科服务模式逻辑框架如图7-1所示。

① 杨学明，蒋云良.基于语义的自适应个性化网页推荐[J].情报理论与实践.2009，32（3）：93-96.

② 褚红丹，焦素云，马威.用户访问兴趣路径挖掘方法[J].计算机工程与应用，2008，44（35）：135-137.

③ 廖开际，叶东海，席运江.基于相关反馈的个性化知识服务模型研究[J].图书情报工作，2010，54（8）：103-107，111.

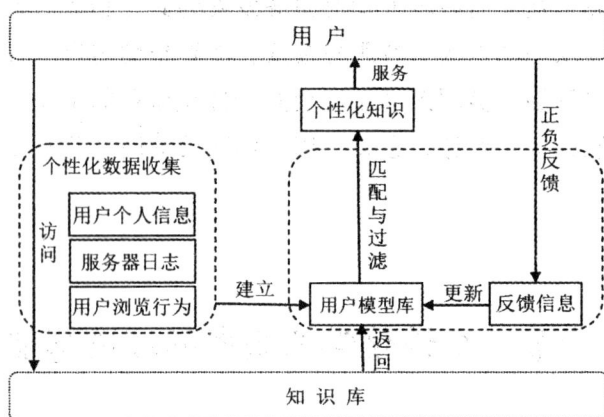

图 7-1　基于用户反馈的个性化学科服务模式逻辑框架

第二节　个性化学科服务的主要任务

在互联网环境下，越来越多的信息不断被数字化和网络化，用户需求与用户行为正在发生巨大的变化。学科馆员应针对用户需求及与用户行为提供个性化学科服务，努力构筑以用户为中心、以服务为宗旨、精准到位、有效的个性化学科服务体系。个性化学科服务的主要任务包括以下几个方面。

第一，利用信息技术构筑一套追踪用户需求、了解用户研究方向、推送数据资源的反应机制，及时了解用户的信息及数据需求，并将用户反映的问题及时分配到相关部门进行解决，无法解决时应提出可替代方案。

第二，在图书馆资源与用户之间沟通的桥梁。每学期定期到院系进行科研活动的调研与访谈，强调与院系师生的互动交流，建立常规化沟通机制和微信服务平台；将学科服务融入院系教学科研一线，保持师生和科研工作者对图书馆信息资源动态的了解，提供嵌入式、专门化的个性化学科服务。

第三，配合使用多种方式，随时随地解决用户咨询的问题。以图书馆、院系所在地和虚拟服务平台为主要阵营，提供到馆咨询、电话咨询、实时问答、电子邮件咨询、学科博客等多种形式的参考咨询服务。

第三节　个性化学科服务的主要内容

在互联网环境下，图书馆应借助数字化手段与技术满足用户的多样化与个性化需求。学科馆员可以在以下几个方面进行个性化学科服务。

一、信息资源推送服务

学科馆员通过自身的情报信息服务，深入教学、科研一线，根据教学、科研人员的数据资源需求和信息知识检索需求，将图书馆最新的资源信息在特定时间内及时推送给特定用户。尽管图书馆的资源在不断更新，但是在推送之前，学科馆员要注意划分用户群体，避免给全体教学、科研人员带来资源信息通知的"狂轰滥炸"，进而改变了个性化学科服务的初衷。这就需要图书馆将具有不同专业背景的学科馆员进行分组，每个小组的学科馆员要依据不同用户的研究主题与特定需求，进行文献资源数据的检索、整理、分析与打包，并制作成简报的形式，定期通过电子邮件或其他社交软件发送给用户。在服务过程中，学科馆员应注重反馈信息的收集，及时调整检索策略与推送内容，提高服务的满意度和有效性。

二、科技查新与论文收引服务

查新报告是查新机构根据查新委托书的要求，通过查新项目的查新点与所查文献范围内的文献信息进行的比较分析，对查新点做出新颖性判别后，以书面形式撰写的客观、公正的技术文件。

（一）查新点

查新点指需要查证的体现查新项目新颖性的技术创新点。查新点的表述要客观、科学。当查新项目有多个查新点需要查证时，查新机构需要将其逐个列出，以便查新人员根据查新点对应做出新颖性判别。

（二）查新范围要求

查新范围要求包括查新检索范围和委托人对查新提出的具体要求。查新范围要求宜采用以下格式化语句表述：①要求查新机构通过查新，证明在所查范围内有无与查新项目相同或类似的报道；②要求查新机构对查新项目的新颖性做出判断；③要求查新机构对查新项目分别或综合进行文献对比分析，证明国内外有无与查新项目相同或类似的报道。

（三）文献检索策略

文献检索策略包括文献检索范围、检索词和检索式。依据查新项目的查新点及其所属学科领域，确定合理的文献检索范围，选择最能反映查新项目实质内容的检索词，并利用检索算符，制定检索式。

文献检索范围，即实际检索的数据库及其起止日期。检索中涉及的与查新项目学科领域相关的国内外数据库均应列入文献检索范围，未检索的数据库不得列入报告。文献检索范围分为中文数据库和外文数据库两部分，须按先中文数据库后外文数据库的顺序排列，分开撰写。每部分都要列出检索使用的综合数据库（通用基本数据库）和专业数据库，并写出数据库的名称、起止日期，必要时还须列出数据库的更新周期。中文数据库和外文数据库检索必查数据库均应不少于10个，书写应两端对齐，格式为数字编号、数据库名称、起止日期（到月）。

有些查新项目（如产品类查新）可进行互联网等其他方式的补充检索，须注明检索方式、具体网址及检索日期。网络数据库资源足够丰富的查新机构，可以基于自有的网络数据库开展查新。如果必查综合数据库或专业数据库欠缺，须采用国际联机进行补充检索。

查新人员应参考委托人提供的检索词，结合数据库特点，利用检索工具，确定能反映查新点的词或词组。检索词包括规范词、同义词、关键词、自由词、缩写词、上位词、下位词、相关词、国际专利分类号等，要注意英美单词的不同拼写方式。

检索式应为保证查全和查准而优选的一个检索式或几个分步检索式。检索式既可以针对每个查新点分别列出，也可以针对几个查新点或全部查新点合并列出。查新机构使用逻辑算符和位置算符表达检索词之间的限定关系，使用截词符表达检索词的变化。检索式的拟定须考虑其用于目标数据库检索的可行性、合理性、包容性及在检索过程中的应变性。所列检索式的检出结果不得为零。若某个检索式的检出结果为零，须扩大检索范围或改变检索式，直至获得检索结果。

（四）检索结果

检索结果应反映在所查文献范围内相关文献的检出情况及其基本信息。检索结果分为检索结果归纳和相关文献列示两部分。检索结果归纳应综合归纳检出文献的概况，然后依据检出文献与查新点的相关程度，将文献分为密切相关文献与一般相关文献。如依据上述文献检索策略，共检索相关文献 ×× 篇，其中密切相关文献 ×× 篇。相关文献的著录格式应按照《信息与文献参考文献著录规则》（GB/T 7714—2015）的规定撰写。

（五）查新结论

查新结论是查新报告的核心部分。首先，查新机构应对查新点的新颖性做出判断，文字表述应当客观、公正、准确、简明、严谨。其次，查新机构应将委托人提出的多个查新点逐一列出并对比分析。最后，对具有新颖性的查新点，应说明其与相关文献的区别；对不具有新颖性的查新点，应说明其与相关文献相似或相同的理由；对未能检出相关文献的查新点，可使用"未见报道"加以表述。

除承接论文查收查引外，高校图书馆还应创新服务内容，定时追踪科研工作者的科研成果，根据用户需求，定期出具科研成果引证报告。这不仅有助于科研工作者清晰地认知自己的科研工作，而且有助于科研工作者明确自己的努力方向。

三、数据资源的跨库检索服务

学科馆员将图书馆的各种数据资源进行打包并组装成完整的异构数据资源检索系统，以便用户根据自己的检索需求准确高效地搜索到合适的数据源，增强个性化学科服务的质量与强度。例如，北京大学主导的 CALIS 三期"机构知识库建设及推广项目"，旨在揭示和推广我国高校的学术资源和学术成果，帮助高校发布、共享和保护已形成的知识、科学和文化遗产的数字化资源，并通过聚集和开放获取增加其附加值，进一步促进学术交流①。另外，北京大学还建立了北京大学机构知识库，将其作为支撑北京大学学术研究的基础设施，收集并保存了北京大学教学、科研人员的学术与智力成果，同时为北京大学教学、科研人员的学术研究和学术交流提供一系列服务，包括存档、管理、发布、检索和开放共享服务。

---

① 聂华，韦成府，崔海媛．CALIS 机构知识库：建设与推广、反思与展望 [J].中国图书馆学报，2013，39（2）：46-52.

参考文献

[1] 本刊评论员.以知识服务推动图书情报工作的创新发展：《图书情报工作》2012年发文评述 [J].图书情报工作，2013，57（1）：5-13.

[2] 原付林.信息时代学科馆员制度思考 [J].中国市场，2006（41）：96.

[3] 胡继东.关于学科馆员制度的建立与完善问题 [J].图书情报知识，2002（3）：78-79.

[4] 李春旺.国内学科馆员研究综述 [J].图书情报知识，2004（2）：26-28.

[5] 梅谊.谈建立高校图书馆"学科馆员"制度 [J].苏州大学学报（工科版），2002（5）：142-144.

[6] 李春旺.学科馆员与参考馆员、信息经纪人比较研究 [J].大学图书馆学报，2005（4）：9-12，30.

[7] 滕广青，崔林蔚.大学图书馆网络用户柔性化细分 [J].图书馆学研究，2017（2）：44-51.

[8] 王晓文，沈思，崔旭，等.基于K-Means聚类的学科服务用户市场细分实证研究 [J].图书馆学研究，2017（9）：77-83.

[9] 范爱红.美国康奈尔大学的学科馆员工作模式及其启示 [J].图书馆杂志，2008（2）：63-66.

[10] 李武.美国大学学科馆员服务的典型案例及其启示 [J].图书馆杂志，2004（7）：38-40.

[11] 唐淑香.高校图书馆学科服务模式探析 [J].图书馆，2013（4）：98-100.

[12] 廉立军.高校图书馆学科化服务机制研究[M].北京：国家图书馆出版社，2015.

[13] 范玉红.基于学科服务团队的高校图书馆管理机制[J].图书馆学刊，2012，34（8）：18-20.

[14] 颜世伟.学术服务团队：高校图书馆学科化服务模式探索[J].现代情报，2010，30（2）：62-64，67.

[15] 廉立军.高校图书馆学科信息服务团队建设研究[J].情报资料工作，2011（6）：75-79.

[16] 吴琦.基于4C's理论的学科馆员能力[J].贵图学刊，2009（1）：12-13，18.

[17] 宋姬芳.学科馆员学科知识服务能力的建构与实证[J].大学图书馆学报，2015，33（3）：68-76.

[18] 邵敏.清华大学图书馆学科服务架构与学科馆员队伍建设[J].图书情报工作，2008（2）：11-14.

[19] 王春明，张海惠，徐鸿，等.匹兹堡大学图书馆系统学科服务新进展：建立支持科研与教学的学科化服务体系[J].图书情报工作，2013，57（10）：58-62.

[20] 刘敬芹，祝小静，单向群，等.高校图书馆学科服务用户需求调查分析：以中国人民大学读者为例[J].图书理论与实践，2016（6）：75-80.

[21] 于曦，高洁.基于用户需求的高校图书馆嵌入式学科服务策略研究[J].情报理论与实践，2014，37（5）：73-76，82.

[22] 胡昌平.关于信息社会学的若干基本问题[J].图书情报知识，1988（4）：10-14.

[23] 张国海，张玉玲.论用户情报行为[J].图书情报工作，1994（1）：14-16，41.

[24] 邵慧丽，张帆，张军亮，等.基于共现网络的国内外信息行为研究述评[J].图书馆理论与实践，2016（5）：39-43.

[25] 张爱霞，张新民，罗卫东.信息查寻与信息检索的整合研究：IS&R集成研究框架的评述[J].图书情报工作，2007（10）：10-12，55.

[26] 曹锦丹，兰雪，李桂玲.基于跨理论模型的信息行为情境及其相关变量关系探讨[J].情报资料工作，2016（2）：11-15.

[27] 刘春年，陈通.移动互联时代用户信息行为视角下的图书馆信息服务创新研

究 [J]. 图书馆学研究, 2015（21）: 74-77.

[28] 吴利明, 张慧, 杨秀丹. 基于 TAM 与 TTF 模型构建高校教师信息使用行为影响模型 [J]. 情报理论与实践, 2011（5）: 78-81; 109.

[29] 吴跃伟, 张吉, 李印结, 等. 基于科研用户需求的学科化服务模式与保障机制 [J]. 图书情报工作, 2012, 56（1）: 23-26.

[30] 查先进, 李晶, 严亚兰. 信任对科技论文快速共享意愿的影响: 基于中国科技论文在线的实证研究 [J]. 图书馆论坛, 2011, 31（6）: 232-239.

[31] 周艳玫, 刘东苏, 王衍喜, 等. 大学生信息行为调查分析与信息服务对策 [J]. 图书情报工作, 2015, 59（6）: 61-67.

[32] 熊太纯, 何胜, 陆鞢. 基于图书馆网站的用户自获取信息服务研究 [J]. 图书馆学研究, 2017（8）: 70-74.

[33] 张薇薇. 社群环境下用户协同信息行为研究述评 [J]. 中国图书馆学报, 2010, 36（4）: 90-100.

[34] 叶莎莎, 齐秀霞. 国内外移动图书馆服务研究综述 [J]. 新世纪图书馆, 2015（2）: 84-91.

[35] 陈京. 建立一支"学科馆员"的专业队伍（摘要）[J]. 赣图通讯, 1987（3）: 58-59.

[36] 吕俊生. 从"学科馆员"到"学科化服务": 我国图书馆服务的两次跨越 [J]. 图书馆论坛, 2011, 31（5）: 103, 132-13,4.

[37] 沈洋, 李小平. 大数据背景下高校图书馆学科服务的创新发展研究 [J]. 新世纪图书馆, 2017（1）: 46-49, 55.

[38] 陈汝龙. 论高校图书馆的最新变革: 实行学科馆员与专业集成化服务 [J]. 上海交通大学学报（社会科学版）, 1995（1）: 103-105, 112.

[39] 张晓林. 构建数字化知识化的信息服务模式 [J]. 津图学刊, 2003（6）: 13-16, 80.

[40] 杨蔚琪. 嵌入式学科服务: 研究型大学图书馆转型发展的新思路 [J]. 情报资料工作, 2012（2）: 88-92.

[41] 韩丽. 泛在图书馆环境下嵌入式馆员的泛在化服务 [J]. 图书情报工作, 2010, 54（1）: 71-74.

[42] 刘颖, 黄传惠. 嵌入用户环境: 图书馆学科服务新方向 [J]. 图书情报知识,

2010（1）：52-59.

[43] 初景利，吴冬曼.论图书馆服务的泛在化：以用户为中心重构图书馆服务模式 [J]. 图书馆建设，2008（4）：62-65.

[44] 杨学明，蒋云良.基于语义的自适应个性化网页推荐 [J]. 情报理论与实践，2009，32（3）：93-96.

[45] 褚红丹，焦素云，马威.用户访问兴趣路径挖掘方法 [J]. 计算机工程与应用，2008，44（35）：135-137.

[46] 廖开际，叶东海，席运江.基于相关反馈的个性化知识服务模型研究 [J]. 图书情报工作，2010，54（8）：103-107,111.

[47] 聂华，韦成府，崔海媛.CALIS 机构知识库：建设与推广、反思与展望 [J]. 中国图书馆学报，2013，39（2）：46-52.